## PÈLERINAGE FRANÇAIS A ROME
### ✝
### ✵ 1891 ✵

# Christophe FINCK

Garde du Peignage J.-P. DELATTRE frères & Cie

A DORIGNIES-DOUAI

DÉCORÉ DE L'ORDRE DE SAINT-GRÉGOIRE LE GRAND

DE LA MAIN

## DE SA SAINTETÉ LE PAPE LÉON XIII

### SON RETOUR DE ROME
11 OCTOBRE

### SES FUNÉRAILLES
26 OCTOBRE

### DOUAI
Louis Dechristé, imprimeur breveté
RUE JEAN-DE-BOLOGNE, 1
1891

# AU BON PÈRE,

## MONSIEUR LÉON HARMEL

### Souvenir affectueux du Pèlerinage à Rome

*Accingendum ad suas cuique partes, et maturrime quidem, ne tantæ jam molis incommodum fiat insanabilius cunctatione medicinæ.*

Que chacun se mette à la tâche qui lui incombe, et cela sans délai, de peur qu'en différant le remède, on ne rende incurable un mal déjà si grave.

(ENCYCL. — *De la condition des ouvriers.*)

# RÉCEPTION

### faite a Christophe FINCK

#### DÉCORÉ DE L'ORDRE DE SAINT-GRÉGOIRE-LE-GRAND

Le Dimanche 11 Octobre 1891, Dorignies était joyeux et fêtait le brave **Christophe FINCK**, garde depuis plus de vingt ans au Peignage de MM. J.-P. Delattre frères et Cie, et qui, rentré de Rome la veille avec son patron, venait d'y recevoir, des mains de Sa Sainteté le Pape Léon XIII, la Croix et le Bref de Chevalier de Saint-Grégoire le Grand.

## I.

La fête commença par les Vêpres solennelles suivies d'un Salut d'actions de grâces, où officiaient M. l'abbé Loridan, Supérieur de l'Institution Saint-Jean à Douai, le R. Père Lachambre, directeur du Cercle Catholique d'Ouvriers de Douai et M. l'abbé Deparis. L'orgue était tenu par M. l'abbé Vandy, avec son talent et son dévouement habituels.

L'église était trop petite pour contenir la foule d'ouvriers accourue à cette cérémonie. Après divers morceaux chantés par les jeunes filles de l'Association de Notre-Dame de l'Usine, entre autres le joli cantique de M. Harmel, si connu des ouvriers, et dont tous reprenaient le refrain, M. le Chanoine Deroubaix, archiprêtre de Douai, monta en chaire et prononça le discours suivant :

Mes frères, chers ouvriers, il me semble qu'en ce moment vos cœurs chrétiens sont tout entiers à la joie, et c'est un bonheur et un honneur pour moi de m'associer à cette belle fête de famille. Vous n'appartenez pas à mon décanat de Notre-Dame, mais vous êtes enfants de Douai, et, plus d'une fois, j'ai eu la satisfaction de vous voir dans nos assemblées trimestrielles de Notre-Dame de l'Usine et du Travail, et dernièrement aux Pèlerinages du Saint-Rosaire.

Vous avez, comme moi, le regret de ne pas entendre la voix éloquente de M. le Chanoine Jaspar, à qui revenait le privilège de vous adresser la parole, mais je tâcherai de me faire l'interprète de son affection paternelle.

C'est au pied des autels, et sous les regards de Jésus ouvrier, que commence cette belle fête du travail couronné par la main d'un saint vieillard, par la main de Léon XIII, le Roi de nos âmes. Car il est bien juste de bénir et de remercier Celui qui est l'auteur de tout bien et de tout don parfait. En attendant la couronne immortelle que ce Dieu bon et miséricordieux promet à tous ses enfants, à tous ses fidèles serviteurs, grands ou petits, pauvres ou riches, ouvriers ou patrons, qu'y-a-t-il de plus glorieux, de plus enviable que la croix attachée par le Pape, sur la poitrine d'un ouvrier chrétien ? Je le sais, Messieurs, il y a bien des distinctions honorables par elles-mêmes que recueillent avec allégresse l'enfance et la jeunesse des écoles et qui excitent une noble ardeur dans les premières luttes de la vie. La société a des récompenses pour la fidélité du bon serviteur, pour l'habileté de l'homme du métier, pour les auteurs d'inventions, de découvertes utiles, pour le talent, pour le génie qui honorent les lettres, les sciences et les arts, pour le courage et le dévouement du sauveteur ; elle a des prix de vertu qu'elle décerne à la probité, à l'amour maternel, à la piété filiale ; elle a la croix d'honneur réservée aux grands citoyens et aux braves qui ont exposé leur vie et versé leur sang sur les champs de bataille.

Toutes ces récompenses ont leur valeur et leurs effets salutaires, car elles entretiennent et provoquent l'activité du travail, les recherches persévérantes, une généreuse émulation des intelligences, les vertus domestiques et sociales, l'amour de la patrie.

Mais hélas ! ne sont-elles pas dénaturées quelquefois par la vaine gloire, mendiées par l'ambition, sollicitées par des bassesses, accordées à l'intrigue politique, payées à prix d'or, et jetées sur une vie déshonorée par la malhonnêteté et par le vice?

Je sais une décoration qui échappe plus sûrement aux souillures des passions humaines. Je la vois, je l'admire, je la vénère sur le cœur des grands chrétiens, qui la reçoivent, le plus souvent à leur insu, après des services signalés rendus à l'Eglise et par cela même à la société, car ce sont là deux saintes causes inséparables.

Je ne crains pas de le dire en présence de ce groupe de Chevaliers de Saint-Grégoire, qui sont venus saluer ici un nouveau frère d'armes, et ajouter à l'éclat de cette solennité.

Réjouissez-vous donc, chers ouvriers, et bénissez ensemble le Dieu de toute bonté qui a réservé à l'un des vôtres l'insigne honneur de porter la croix de Saint-Grégoire. Réjouissez-vous, car tout le régiment est fier de l'honneur qui est fait à son drapeau, à son chef, et même à un simple soldat.

Cette croix, sans rien diminuer du mérite de celui qui seul aura le droit de la porter, cette croix, j'ose dire qu'elle vous appartient à tous, aux ouvriers et aux patrons. Car les bons chefs font les bons soldats, et les bons patrons font les bons ouvriers.

Non, non, quoi que disent et que fassent les révolutionnaires et les charlatans de la politique, le patron et l'ouvrier ne sont pas des ennemis toujours en défiance et sur le pied de guerre. Le patron, selon la signification de ce beau nom chrétien, c'est un protecteur, c'est un père, et l'ouvrier c'est son fils, puisque c'est l'enfant de Dieu et de l'Eglise et l'héritier du ciel. Voilà bien ce que veut faire comprendre Léon XIII en plaçant la croix de Saint-Grégoire sur la poitrine d'un ouvrier, et ainsi espère-t-il fortifier ou rétablir la paix, l'union entre ceux qui sont séparés par l'inégalité des conditions sociales, mais qui sont tous frères par la commune origine, par le sang, par la grâce de Jésus-Christ et par les mêmes espérances éternelles.

N'est-ce pas ce que l'Eglise Catholique, depuis son origine, n'a pas cessé de faire et d'enseigner à travers les siècles ? Elle n'a pas seulement brisé les chaînes des esclaves qui formaient la majorité chez les peuples civilisés ; elle a relevé, ennobli la condition des travailleurs, en montrant à tous, aux riches et aux pauvres, le Fils de Dieu fait homme, Jésus ouvrier jusqu'à l'âge de trente ans. Le travail manuel, le travail des champs, le travail des gens de métier, elle l'a honoré par l'exemple de ses moines qui ont défriché les forêts, desséché les marais, endigué les rivières et les fleuves, et bâti de leurs mains des couvents, des cathédrales, des écoles, des hôpitaux pour toutes les souffrances humaines.

Le travail manuel, que les païens réservaient aux esclaves, l'Eglise en a fait un moyen de civilisation et de sanctification, parce qu'elle a gravé dans les âmes la loi divine : *in sudore vultûs tui vesceris pane ;* tu mangeras ton pain à la sueur de ton front. Elle l'a entouré de garanties morales contre la cupidité et l'injustice des patrons. Elle a créé cette belle institution qu'on appelait *les corporations.* On a pu en dire du mal, parce que les imperfections et les abus se glissent partout, mais on n'a encore rien inventé pour les remplacer.

Pourquoi donc la paix a-t-elle été troublée? La raison en est bien simple. Depuis longtemps on fait la guerre à la Religion, et quand la Religion n'est plus écoutée, la justice et la charité sont étouffées dans le cœur du patron et dans le cœur de l'ouvrier. Les mauvaises passions dominent de part et d'autre. La justice est violée tour à tour par le patron qui veut s'enrichir au détriment de l'ouvrier, et par l'ouvrier qui ne donne pas une somme de travail proportionnée à son salaire ; et la charité a fait place, en haut comme en bas, à l'égoïsme, à la défiance, à la jalousie, à la haine.

Grand Dieu! que deviendrait une société dans laquelle les patrons et les ouvriers seraient continuellement en lutte, parce qu'ils n'entendraient plus ni la voix de la justice ni la voix de la charité? Écoutez les sages, les modérés, qui ne veulent plus de la Religion, ils vous diront *qu'ils comptent sur leurs lois et sur la force brutale pour maintenir l'ordre dans le monde du travail*. Écoutez les violents, ils vous diront qu'il *faut refaire la société de la base au sommet, qu'il faut tout détruire pour créer un monde nouveau ; une société sans Dieu, sans famille, sans propriété, sans patrie.*

Qui donc fera briller la lumière au milieu de ces épaisses ténèbres ?

En vain depuis longtemps l'Église a donné aux patrons et aux ouvriers de solennels avertissements par la voix de tous ses pasteurs, en rappelant à tous les droits de Dieu méconnus par la profanation du dimanche et par le mépris de la justice et de la charité dans le monde du travail ; en vain elle a signalé aux gouvernants les dangers de l'irréligion qui mène fatalement les peuples à la décadence ; les émeutes sanglantes, la guerre civile même ont jeté des lueurs sinistres sur l'état social de l'Europe... Le mal grandit et s'étend.

Mais voici que se lève un auguste vieillard, prisonnier de la Révolution ; c'est Léon XIII, vicaire de Jésus-Christ, qui n'a pas à ses ordres une puissante armée, qui est dépouillé de son domaine temporel, mais qui garde, en dépit de la Franc-Maçonnerie, avec l'autorité morale de la science, de l'âge, l'autorité divine de Docteur infaillible.

Profondément ému des douleurs de l'Eglise opprimée et des périls de la société, comme son divin Maître, il jette à l'univers ce cri de compassion : *Misereor super turbam... Venite ad me omnes qui laboratis et onerati estis...* J'ai pitié du peuple. Venez à moi, vous qui travaillez et qui gémissez sous le fardeau.

Il appelle à lui ses enfants désolés du présent et effrayés de l'avenir pour les fortifier par la parole de vérité. Et l'univers s'ébranle : peuples et rois, nations chrétiennes et gouvernements hérétiques lui offrent leurs hommages et leurs présents au jour de ses noces d'or.

Mais c'est surtout aux patrons et aux ouvriers qu'il veut rappeler leurs droits et leurs devoirs.

On les a vus tour à tour, depuis plusieurs années, aux pieds du vicaire de Jésus-Christ, et notamment en 1887, j'ai eu la joie et l'honneur de faire partie du Pèlerinage ouvrier qui a été comme l'avant-garde de ceux qui ont suivi.

Ce n'était pas assez pour la grande âme de Léon XIII de s'adresser à quelques groupes de patrons et d'ouvriers ; il lui fallait jeter la lumière de la vérité chrétienne sur la grande question sociale. Et tandis que partout retentissaient les menaces des congrès socialistes et les clameurs des grèves violentes, le grand Pape a envoyé à tous les peuples son incomparable lettre *sur la condition des ouvriers*.

D'abord, au nom du bon sens, du droit naturel, du droit divin, il met à néant les rêves du socialisme qui enlèverait à l'ouvrier jusqu'à son salaire.

Il rappelle à tous la loi du travail et la loi de la douleur qui pèsent sur tous les enfants d'Adam... Justice et charité ! Voilà les deux grandes lois du monde du travail ! Ecoutez : *Quant aux riches et aux patrons, ils ne doivent pas traiter l'ouvrier en esclave; il est juste qu'ils respectent en lui la dignité d'homme relevée encore par la dignité de chrétien.* Léon XIII met avant tout les âmes.

*Le christianisme prescrit qu'il soit tenu compte des intérêts spirituels et du bien de son âme.* Il n'oublie pas les intérêts matériels ; défense aux maîtres d'imposer à leurs subordonnés un travail *au-dessus de leurs forces ou en désaccord avec leur âge et leur sexe.*

Parmi les principaux devoirs du patron, il faut mettre celui de donner à chacun le salaire qui convient.

Ce que la justice ne commande pas, la charité chrétienne l'impose pour venir en aide aux nécessités et aux souffrances de l'ouvrier.

Mais l'ouvrier aussi a ses devoirs de justice et de charité.

*Il doit fournir intégralement et fidèlement tout le travail auquel il s'est engagé par contrat libre et conforme à l'équité ; il ne doit point léser son patron, ni dans ses biens ni dans sa personne ; ses revendications même doivent être exemptes de violences et ne jamais revêtir la forme de séditions ; il doit fuir les hommes pervers, qui, dans des discours artificieux, lui suggèrent des espérances exagérées et lui font de grandes promesses qui n'aboutissent qu'à de stériles regrets et à la ruine des fortunes. En outre la charité doit lui faire aimer son patron, non seulement comme un frère en Jésus-Christ, mais comme un père...*

Heureux le peuple qui entendra ces graves et solennelles leçons et qui les mettra en pratique ; il rentrera dans l'ordre par la justice et par la charité ! Il pourra s'écrier dans son bonheur : *Vive Léon XIII, le Pacificateur de la société! Vive Léon XIII, le Pape des Ouvriers!*

Ce cri de la reconnaissance, de la fidélité et de l'amour filial, ils l'ont fait retentir, il y a quelques semaines, sous les voûtes de l'immense Basilique de Saint-Pierre, les vingt ou vingt-cinq mille ouvriers et patrons, de la France, de l'Autriche, de la Belgique, etc., pèlerins du monde du Travail, auxquels se sont joints des milliers de Romains qui ne marchent pas sous la bannière de Satan.

Vous étiez là, chers ouvriers, au moins par quelques-uns de vos représentants, par votre dévoué pasteur, vous étiez là de cœur avec votre heureux frère, avec le Chevalier de Saint-Grégoire, qui est l'occasion de cette touchante cérémonie, et qui nous invite tous à répéter le serment de fidélité de Fénelon, le grand et immortel Archevêque de Cambrai : « *O Eglise Romaine, si jamais je t'oublie, que ma langue s'attache à mon palais, que ma droite se dessèche, si tu n'es pas toujours la première dans mes cantiques de réjouissance !* » Et vive Léon XIII ! Vive le Pape des Ouvriers ! Et vive Jésus-Christ dans le temps et dans l'éternité ! *Amen !*

C'est avec la plus grande attention que cette parole toujours si paternelle a été écoutée et nous pouvons affirmer qu'elle a produit la plus vive impression sur tous les auditeurs.

La Bénédiction du Saint-Sacrement termina la cérémonie religieuse.

## II.

A cinq heures précises, un premier coup de canon retentit. Tous les ouvriers du Peignage, réunis dans la cour principale, se rendirent en ordre parfait à la grande salle du Patronage où ils se groupèrent sous la direction intelligente du Directeur, M. Hublet. Là, se trouvaient déjà les invités et les délégations des Cercles ouvriers de Douai et de la Corporation chrétienne de l'Abbaye-des-Prés.

Au signal donné par un second coup de canon, M. Finck, au bras de son patron, accompagné d'un groupe de Chevaliers de Saint-Grégoire, de MM. les Doyens de Douai, M. l'abbé Miance, ancien curé de

Dorignies, et autres notabilités du pays, fait son entrée dans la salle au milieu des acclamations des six cents ouvriers qui s'y trouvent réunis. A ces acclamations, le nouveau Chevalier répond par le cri de « Vive Léon XIII ! » Les tambours battent aux champs, et Finck prend place au milieu de l'estrade d'honneur, ornée de tentures aux couleurs pontificales. Près de lui, d'un côté, on aime à voir la Bannière de Notre-Dame de l'Usine qu'il porte si fièrement, aux jours de fête, à la tête de l'Association. De l'autre un drapeau français, pieux souvenir de l'Alsace, pays natal de Finck, caché depuis vingt ans aux yeux des Allemands et qui revoit le jour pour venir saluer son vieux camarade.

Aux côtés de Finck, nous remarquons :

M. l'Archiprêtre, Doyen de Notre-Dame, M. le Chanoine Joleaud, Doyen de Saint-Pierre, M. le Chanoine Fichaux, Président de l'Association des Patrons chrétiens du Nord, M. l'abbé Loridan, Supérieur de l'Institution Saint-Jean, M. l'abbé Huard, curé de Dorignies, M. Henri Bossut, Président du Conseil de surveillance de l'Usine, M. Louis Cordonnier, Président du Syndicat des Patrons chrétiens de Roubaix-Tourcoing, MM. Jules et Paul Delattre, et MM. J. Morel, ancien député, Ch. de Bailliencourt, industriel à Douai, L. Dupont, banquier, et Mascaux, ancien magistrat, tous quatre Chevaliers de Saint-Grégoire.

La série des compliments commence.

C'est d'abord un des plus anciens ouvriers de la maison, Valnet, vieux compagnon d'armes du brave Finck, décoré comme lui de la médaille de Mentana et de la médaille militaire, qui le félicite en ces termes :

Cher Camarade,

Je viens, au nom de tout le personnel ouvrier de l'Usine, vous présenter nos sincères félicitations pour l'insigne faveur que le Souverain Pontife Léon XIII vient de vous accorder.

Pour vous, pour nous tous, c'est une grande joie et un grand honneur dont nous serons toujours reconnaissants à celui que l'on a si bien nommé *le Pape des Ouvriers*.

Plus que tout autre, cher Camarade, vous méritiez cette distinction, et celui qui, comme vous, défendit la liberté de la religion et l'honneur de la France se plaît à le proclamer. Déjà sur votre poitrine brillait la croix des braves et la médaille militaire ; à leur côté, la médaille de Mentana nous rappelait que votre sang fut versé pour la défense de l'Eglise, et la médaille de Chine nous faisait souvenir que vous avez combattu pour Dieu et pour la propagation de la foi chrétienne. Nous n'avons pas été surpris que, à côté de ces décorations si honorables, le Saint-Père ait voulu placer la croix de Saint-Grégoire le Grand, car non seulement vous fûtes un vaillant soldat, mais vous êtes encore un ouvrier modèle et un apôtre généreux. Je n'ai pas besoin de rappeler votre dévouement à nos œuvres ; tout le monde sait ici quel concours vous leur avez donné, et je ne crains pas d'être démenti en avançant qu'elles doivent une grande partie de leur prospérité. Mais, permettez-moi de vous le dire, cher Camarade, le Pape en vous donnant la croix n'a pas voulu seulement récompenser votre dévouement ; il vous a décoré comme on décore un drapeau et en vous il a honoré tous les ouvriers catholiques de la France.

Merci donc au Souverain Pontife, merci à ce bon Père qui nous a montré tant d'amour ! C'est jusqu'à lui que doivent monter, en ce jour, notre admiration et nos louanges, c'est à sa cause, qui est celle de Dieu, que nous devons promettre fidélité éternelle.

A votre suite, cher Camarade, à la suite de notre Pasteur et de nos bons patrons, nous continuerons à marcher dans cette voie, nous tiendrons à honneur de répondre à la confiance du Souverain Pontife, nous resterons toujours des ouvriers chrétiens et c'est de toute notre âme, qu'en ce beau jour, nous redirons cette acclamation que le Vatican a si souvent entendue et que la France ne saurait se lasser de redire : « Vive Léon XIII ! Vive le Pape des Ouvriers ! »

Ces paroles sont accueillies par les cris de « Vive Léon XIII ! » répétés par toute l'assistance.

Un des plus jeunes ouvriers s'avance à son tour :

Cher Monsieur Finck,

Veuillez bien recevoir les félicitations des jeunes gens de l'Usine.

Nous avons été heureux de savoir notre vieux camarade décoré de la main de Léon XIII. Combien nous voudrions remercier le Saint-Père et lui dire notre gratitude, car il nous a donné en vous un encouragement précieux.

En vous voyant, dès l'entrée au travail, vos décorations sur la poitrine, nous apprendrons que, même pour les plus petits, il y a une récompense au devoir, à la fidélité, au dévouement.

Et lorsqu'après les longues heures de l'atelier, nous sentirons le découragement se joindre peut-être à la fatigue, nous vous retrouverons encore, vous, notre ancien, plusieurs fois Chevalier, nous disant par vos croix : Courage, confiance ! Il n'est point de succès sans efforts ; il n'y a point de victoire sans combat.

Monsieur Finck, merci ; merci pour nous, jeunes gens ! Puissions-nous suivre votre exemple ! Nous n'aurons peut-être pas l'honneur d'être décorés comme vous, mais qu'importe, si, comme vous, nous savons le mériter !

Puis une jeune fille vient ajouter sa note gracieuse à ce concert.

Cher Monsieur Finck,

Chargée par mes compagnes de vous offrir leurs vœux, comment parlerai-je à vous que le Saint-Père vient de faire Chevalier ?

On dit qu'un Chevalier est le défenseur des faibles.

Ne sommes-nous pas les faibles, nous, jeunes filles, qui devons chaque jour quitter nos mères pour gagner notre pain ?

N'est-ce pas pour nous que vous êtes Chevalier ? Et cette étoile que vous portez n'est-elle pas une lumière qui jaillit jusqu'à nous ?

Oh ! oui ! Monsieur le Chevalier, garde de cette Usine, par vous on sait qu'ici doivent régner l'honneur et le respect, qu'on a souci du faible et qu'on protège le petit.

Merci pour nous et merci pour nos mères, de ce que vous avez mérité cette dignité si précieuse pour toutes ! Nous saurons le reconnaître, soyez-en sûr, en demeurant toujours dignes du Chevalier de Saint-Grégoire.

Ce compliment touchant émeut tout l'auditoire qui l'accueille par des applaudissements répétés.

Le Directeur de nuit du Peignage, M. Heinrich, Alsacien comme Finck, lui offre alors au nom de tout le personnel un souvenir de cette belle journée : c'est une canne en jonc, d'un beau modèle, avec pomme d'ivoire, sur laquelle sont gravés ces mots :

*Souvenir du Personnel du Peignage de Dorignies à Christophe Finck. — Octobre 1891.*

En la lui présentant il s'exprime ainsi :

Mon cher Finck,

Nos camarades de l'Usine, aussi bien les plus petits que les plus grands, ont voulu vous offrir un souvenir de cette belle fête. Ils ont pensé qu'un bâton dont vous pourriez vous servir chaque jour et qui chaque jour vous rappellerait ainsi leur affection, vous serait agréable. Ils m'ont donc chargé de vous le remettre. Acceptez-le comme nous vous l'offrons, c'est-à-dire comme l'humble témoignage de notre amitié. Un bâton est un appui; l'amitié en est un autre d'un ordre plus élevé; que l'un rappelle l'autre et notre but sera rempli.

Mon cher Camarade, nous sommes tous deux enfants de l'Alsace. En t'offrant cette canne, je pense au bâton qui sera assez fort pour chasser l'étranger du sol de notre chère patrie. Hélas! Il faudra plus qu'un bâton ; fasse Dieu que, toi comme moi, nous vivions assez pour voir que ce soit l'épée de la France.

Des bravos énergiques confirment ces patriotiques paroles.

Puis, deux jeunes filles remettent à Finck un cadre dont l'intérieur est composé de tous les produits fabriqués à l'Usine et renferme de jolies fleurs faites avec de la laine dans ses différentes transformations. Les inscriptions du ruban qui les entoure rappelleront toujours au héros de cette fête les divers corps de métiers, trop nombreux pour présenter successivement leurs félicitations.

Il nous est impossible de dépeindre les applaudissements dont tous ces compliments si délicats furent soulignés, et le nombre, la beauté des bouquets, produit des cotisations des diverses corporations de l'atelier, et qui, déposés après chaque compliment aux pieds de Finck, par de jeunes ouvrières vêtues de blanc, l'entouraient à la fin comme d'un parterre de fleurs. Mais ce que nous pouvons dire, c'est que pas un œil n'est resté sec pendant toute la durée de ces manifestations aussi émouvantes que spontanées ; car il faut reconnaître que si des chefs actifs et dévoués se sont chargés de l'organisation de cette charmante fête, tous, depuis le premier apprenti jusqu'aux contre-maîtres, se sont dépensés pour lui donner tout l'éclat possible.

Finck se lève alors et répond en quelques mots à toutes ces félicitations :

MESSIEURS ET CHERS AMIS,

L'état de ma santé ne me permet pas de vous faire un long discours. Je tiens, néanmoins, à vous remercier de l'honneur que vous me faites. Je sens dans mon cœur l'amour et l'amitié pour vous tous. Mais, Messieurs et chers Amis, cet honneur vous revient à vous tous, car si le Très Saint-Père m'a honoré en me nommant Chevalier de Saint-Grégoire le Grand, c'est vous tous qu'il a décorés en me décorant, et, par là, il a voulu montrer sa paternelle bonté, principalement pour l'ouvrier. C'est pourquoi nous devons lui prouver notre amour filial, en nous conformant de tout notre cœur aux enseignements de son Encyclique, en faisant nos devoirs de bon chrétien comme Léon XIII nous l'a recommandé, sans quoi il n'y aura pour nous pas de bonheur ici-bas et pas de récompense dans le ciel. Et maintenant, je vous prierai, Messieurs, de vous écrier tous avec moi : « *Vive le Saint-Père, père de l'ouvrier! Vive Léon XIII!* »

*Vive Léon XIII!* répète en chœur toute l'assistance, et le canon fait écho à ces chaleureuses exclamations.

Après Finck, son patron, M. Jules Delattre, qui l'a accompagné à Rome, prononce le discours suivant :

Mesdames, Messieurs, mes chers Amis,

Au nom de tous les ouvriers catholiques et français, que notre Saint-Père Léon XIII a voulu honorer en conférant à M. Finck la croix de Chevalier de Saint-Grégoire le Grand ;

Au nom de notre Usine qui a l'honneur et le bonheur de posséder un tel serviteur et d'avoir été choisie pour obtenir cette distinction, permettez-moi de vous remercier d'être venus si nombreux, et de faire un si chaleureux accueil à ceux qui reviennent de Rome, l'esprit et le cœur encore tout remplis des émotions si diverses qu'ils viennent d'éprouver, et parmi lesquelles celle qu'ils ressentent en ce moment ne peut compter pour une des moindres. Oui, Messieurs et chers Amis, vous remercierez avec nous la divine Providence qui, par la main de son auguste Vicaire, a bien voulu nous donner, au milieu de toutes les épreuves de la vie qui ne nous ont pas manqué, une si magnifique récompense et un si précieux encouragement. Finck surtout est heureux, car il porte sur sa poitrine le témoignage d'un honneur qu'aucune personne au monde n'a jamais reçu. Jamais un Pape n'a décoré lui-même un homme quelque haut qu'il fût placé dans la hiérarchie sociale, et Léon XIII, le Pape des Ouvriers, a voulu que cette distinction inouïe à la Cour de Rome fût donnée à un ouvrier à qui plus spécialement ce grand Pape a voué ses affections.

Le Bref du Saint-Père, qui accompagne la croix de Chevalier, est splendide, et, tout en le tenant à la disposition des personnes qui voudraient le lire dans l'original, je me permets d'en donner la traduction :

*Léon XIII, Pape,*

*A notre très cher fils, Salut et Bénédiction Apostolique. L'éclat de tes vertus, la noblesse de tes mœurs, la rare fidélité que tu as montrée envers le Saint-Siège, en allant jusqu'à verser ton sang sur les champs de bataille pour sa défense, et, en même temps, les autres distinctions que tu as méritées, nous engagent à te donner un témoignage de notre bienveillance digne de tes mérites. C'est pourquoi, t'absolvant de toutes les excommunications et interdits, ainsi que des autres censures ecclésiastiques, sentences et peines, de quelque manière et pour quelque cause qu'elles aient été portées, et si toutefois tu les avais encourues; par ces présentes, nous te faisons, nommons et proclamons Chevalier de l'ordre de Saint-Grégoire le Grand et nous t'admettons dans les rangs de cette illustre chevalerie. Aussi, cher fils, nous te permettons de revêtir le vêtement propre de cet ordre de chevalerie, ainsi que son insigne, composé d'une croix d'or octogonale, portant sur le centre de la partie rouge l'image de saint Grégoire le Grand à suspendre sur la poitrine par un ruban de couleur rouge encadré de jaune et placé au côté gauche du vêtement suivant la coutume des Chevaliers, afin que tu puisses les porter librement et licitement. Et, pour qu'il n'y ait pas d'erreur ni dans le vêtement ni dans la croix à porter, nous ordonnons qu'il t'en soit donné un modèle.*

*Donné à Rome, près saint Pierre, sous l'Anneau du Pêcheur, le 22 Septembre 1891, 14° année de notre Pontificat.*

*Signé :* M. Card. Ledochowski.

Comme je vous le disais, Messieurs, ce fait est sans précédent, et Son Eminence le Cardinal Langénieux, dans la visite de remerciements que nous lui fîmes avant notre départ de Rome, voulut bien nous donner connaissance de la lettre du Cardinal sous-secrétaire d'Etat, lui annonçant cette faveur. Le contenu de cette lettre nous a semblé si précieux que nous nous sommes permis d'en demander la copie à son Eminence, qui a bien voulu nous en promettre une traduction de sa main.

Grand eût été notre désir de pouvoir vous la lire aujourd'hui, mais le temps a manqué au Cardinal et nous sommes réduits à vous en donner à peu près la teneur :

« Eminence,

» J'ai la joie de vous annoncer que, déférant au désir que vous lui avez exprimé personnellement, notre Très Saint-Père Léon XIII a bien voulu consentir à conférer le titre de Chevalier de Saint-Grégoire le Grand à l'ouvrier dont vous l'avez entretenu ; et voyez, Eminence, jusqu'où va pour vous la sollicitude de notre bien-aimé Saint-Père ; il a tenu à remettre de sa propre main, en audience publique, à Saint-Pierre, les insignes de cette distinction à l'ouvrier Finck. Vous verrez, sans aucun doute, Eminence, dans cette faveur tout exceptionnelle, une preuve de l'affection profonde du Souverain-Pontife pour vous et pour ses chers ouvriers, et je suis heureux d'avoir été choisi pour vous annoncer cette bonne nouvelle. »

Et maintenant, Messieurs, permettez-moi en quelques mots de vous faire connaître à qui s'adressait cette distinction et quel est l'heureux mortel qui a su se rendre digne de la récompense accordée dans sa personne à tous les ouvriers catholiques et français.

Finck est né en 1827, en Alsace, regretté pays qui a donné à la France tant de dignes cœurs, tant de braves soldats, et à la religion tant de solides chrétiens. Engagé volontaire, à dix-huit ans, aux Chasseurs à pied, il fit successivement les campagnes d'Afrique où il combattit les Musulmans ; de Chine et de Cochinchine, où il allait venger tout à la fois nos soldats et nos missionnaires massacrés, et où sa belle conduite lui valut la médaille militaire. Sa dernière campagne fut celle de Mentana. C'est là que l'armée française, pour la dernière fois, eut la gloire d'être admise au service de la Papauté ; une balle, qui broya le pied de Finck, lui valut sur le champ de bataille la croix d'honneur.

Je ne vous donnerai pas les récits de ces faits d'armes que, trop modeste, on a souvent de la peine à obtenir de lui ; disons seulement qu'il fut soigné et guéri à l'hôpital de Rome par ces admirables Sœurs de Saint-Vincent de Paul qui sont partout où l'on souffre et qu'il devait retrouver plus tard ici, puis de nouveau à Rome ces jours derniers. A l'hôpital, sa vaillante conduite lui valut une longue visite de Sa Sainteté Pie IX et de fréquents entretiens du Roi de Naples, François II, qui les cessa seulement quand Finck eût appris quel était le nom et le titre du camarade qui venait presque chaque jour lui confectionner des cigarettes, bourrer sa pipe et lui demander ses récits de campagne.

Vous serez de mon avis, Messieurs, que de tels précédents préparaient bien cette poitrine à laquelle le successeur de Pie IX devait faire tant d'honneur.

Finck fut admis à la retraite le 10 Juillet 1870, trois ans après sa blessure ; à cette époque il ne pouvait encore marcher qu'avec des béquilles.

La guerre éclate, Finck s'empresse de redemander du service ; heureusement pour lui et pour nous on lui répond en l'envoyant aux eaux dans le Midi de la France. A peine guéri et pouvant marcher, il entrait dans notre maison où il est donc depuis plus de vingt ans, et il m'a promis solennellement, en chemin de fer, un nouveau bail de vingt ans !

Notre brave n'a fait dans toute son existence que deux services, dit-il : au 2$^{me}$ Bataillon de Chasseurs de l'armée française et chez Messieurs Delattre... Il n'en veut pas d'autre.

Et nous non plus ! — Certes non, Messieurs, nous n'en voulons pas d'autre, car si aujourd'hui Finck vaut à notre Usine la gloire qui rejaillit sur elle, il a été jusqu'à présent le pivot, disons mieux, le bureau de recrutement de toutes nos œuvres, et si nous n'avons pas eu l'honneur de le voir sur le champ de bataille, ici, où nous le suivons chaque jour, nous pouvons affirmer qu'il n'y a pas de plus rude et plus tenace lutteur que cette bonne et brave tête d'Alsacien, qui sait tout autant ce qu'il veut comme chrétien que ce qu'il a voulu comme soldat. Sans jamais se décourager, dans les bons comme dans les mauvais jours, toujours solide au poste, il reste le même, ne reculant jamais, avançant chaque fois qu'il peut et finissant par sa persuasion, par ses petits services, et même par ses prières, par faire triompher la cause qu'il défend, aux yeux des plus rebelles.

De sa conduite avec nous pendant ces vingt ans je ne dirai rien, Messieurs, parce que j'aurais trop à dire et que je ne veux pas blesser sa modestie. Il me permettra bien pourtant de vous faire connaître qu'il y a une quinzaine d'années, en risquant sa vie, il a sauvé celle de l'un de nous qui infailliblement périssait sans lui, et que jamais il ne nous fut possible de lui faire accepter la plus petite récompense ni le plus léger souvenir : « Je n'ai fait que mon devoir, répondait-il, vous me blesseriez si vous insistiez ! »

Devant ces nobles paroles nous dûmes nous incliner.

Vous ne vous étonnez plus, n'est-ce pas, Messieurs, que, connaissant ce caractère, nous ayons formé le projet d'obtenir pour lui la récompense insigne du plus grand des rois de la terre, du Souverain Pontife. Ce projet, au début, nous parut, je vous l'avoue, un peu osé ; mais la cause que nous défendions nous sembla si bonne que nous n'hésitâmes pas à nous en ouvrir à notre si bon et toujours dévoué ami, Louis Cordonnier, qui, avec sa chaleur et son entrain habituel pour tout ce qui touche à la bonne cause, prit vaillamment l'affaire en main— et qu'il me permette ici, en lui rendant ce témoignage, de lui en exprimer notre profonde reconnaissance. Il en écrivit à M. Harmel et au Cardinal Langénieux. Ce dernier, ainsi que j'ai eu l'honneur de vous le dire, en parla lui-même au Saint-Père. Vous savez, maintenant, Messieurs, si nous avons été exaucés et dans quelle mesure.

Mais ce que vous ne savez pas, c'est que les choses ayant été ainsi menées de main de maître en main de maître, allèrent si vite qu'on oublia de nous en avertir et qu'au moment où tout était préparé pour cette touchante cérémonie, au milieu des ouvriers du Nord, on s'aperçut, deux heures avant de conférer le titre, qu'il ne manquait à Rome... que le candidat?—Notre époque a bien inventé les express, les rapides, les télégraphes et les téléphones, mais pas encore le moyen de se rendre de Dorignies à Rome en une heure.

Néanmoins, voyez, Messieurs, combien est bon notre Saint-Père : il consentit à attendre une autre audience solennelle et, prévenus cette fois, nous nous embarquions pour Rome, Mercredi 30 Septembre, avec Finck et M. l'abbé Vandy.

J'aurais bien désiré, Messieurs, vous donner sur notre voyage quelques détails que j'avais notés tant pendant la route que pendant notre séjour à Rome, mais les agents du Gouvernement italien jugeant peut-être que ma lettre doublement affranchie pouvait contenir des éléments de « sacrilège contre leur roi, » suivant leur expression, auront trouvé bon, sans doute, de confisquer ma lettre qui n'est jamais parvenue à destination. Il me faut donc m'en rapporter à mes souvenirs et je tâcherai de le faire le mieux et le plus brièvement possible ; toutefois vous serez de mon avis que tous les ouvriers, qui se sont réunis pour envoyer à Rome un des leurs, ont bien droit à quelques détails sur le voyage auquel ils ont participé de leur bourse, et il est juste de leur en donner tout au moins une jouissance d'esprit et de cœur, ayant été privés de la réalité.

Je voudrais d'abord vous dire combien tant à l'aller qu'au retour la richesse de notre France nous a paru belle comparativement à celle de l'Italie. Mais, ce que je voudrais surtout vous raconter, c'est notre réception à Turin chez les bons Salésiens ; malheureusement je ne me sens pas de taille à le faire et il faudrait, Messieurs, l'éloquence de quelques-uns d'entre vous pour exprimer tout ce que nous y avons ressenti. Oh ! si notre émotion, au lieu de nous étreindre à la gorge comme elle l'a fait ces trois heures durant, si cette émotion pouvait traduire nos sentiments! mais, hélas, là encore elle n'est qu'un embarras pour nous...

Après trente heures de route, nous nous voyons

salués sur les quais de la magnifique gare de Turin par les bonnes figures des jeunes Pères Salésiens, les mains tendues vers nous ; leur bonjour : « Salut, amis », leurs yeux remplis d'affection et de sollicitude nous touchent aux larmes et c'est déjà émus que nous les suivons à travers les splendides boulevards vers leur maison située sur la colline, aux portes de Turin.

Au moment où le premier de nous met le pied sur le seuil de leur porte, des applaudissements partent de tous côtés, une fanfare joyeuse nous accueille et, pour la seconde fois, des larmes jaillissent des yeux de tous. Notre première visite, vous le pensez bien, fut pour la chapelle où les quatre cent soixante-dix pèlerins entonnèrent le *Magnificat*. Monsieur le Vicaire Général de Rennes, en termes touchants, nous adresse une allocution dont le texte était :

Qui êtes-vous ? — D'où venez-vous ? — Où allez-vous ?

*Qui êtes-vous ?* Nous sommes des ouvriers et des patrons chrétiens.

*D'où venez-vous ?* Nous venons du beau pays de France.

*Où allez-vous ?* Nous allons au Pape des Ouvriers, lui dire que nous avons entendu son appel par delà les monts, lui porter nos consolations, jurer à ses pieds que tous, patrons et ouvriers, nous travaillons à la cause commune dont il nous a tracé un si merveilleux programme, et nous ne pouvions mieux nous inspirer qu'en nous arrêtant ici, en priant sur le tombeau de celui qui fut le père des pauvres et des délaissés.

La bénédiction du Saint-Sacrement fut suivie d'une visite au tombeau du Saint : Oh ! qu'on y prie bien, Messieurs, et que de sentiments on y éprouve ! Puis, dans une immense cour, sous une tente des mieux ornée, cinq tables de cent couverts chacune, chargées de fruits, de glaces, de vins et de mille douceurs, attendent les pauvres pèlerins. Beaucoup d'entre eux, venant du fond de la Bretagne, comme ceux de Ploërmel par exemple, conduits par leur digne maire, ont bien mérité de s'y asseoir.

Dans un coin, la musique ; mais tout d'abord Dom

Rua, le successeur de Dom Bosco, veut nous souhaiter la bienvenue; on sent que comme ses fils il nous parle avec son cœur, et des vivats et des applaudissements frénétiques lui coupent à chaque instant la parole.

Après quelques morceaux de musique et un excellent dîner, chacun, en se levant de table, reçoit la photographie du tombeau de Dom Bosco. Enfin, comme en triomphe, nous sommes reconduits à la gare où nous nous quittons, non sans avoir échangé les cris de « Vive la France ! » « Vivent les Salésiens ! »

Toute autre, hélas ! Messieurs, a été notre arrivée à Rome. Le train de pèlerins devant être reçu en gare par M. Harmel et la Commission Romaine, Finck avait tout naturellement orné sa poitrine de ses quatre décorations si noblement gagnées, y compris celle de Mentana. Après avoir salué *le Bon Père,* (car à Rome comme au Val-des-Bois, M. Harmel n'a que ce titre), nous nous dirigeons en voiture découverte vers l'hôtel de la Minerve, lorsqu'un monsieur Italien, de tournure distinguée, fit arrêter notre voiture et nous dit : « De grâce, » Messieurs, n'allez pas de ce côté, il y a en ce moment » une manifestation sauvage contre les pauvres Fran- » çais (ce sont ses propres termes) et avec ces décora- » tions vous serez sûrement abîmés. »

Deux cents mètres de plus, et nous tombions en pleine place du Panthéon, au plus fort de la bagarre, et la suite prouve que nous aurions couru le risque d'être écharpés.

Grâce à cette intervention d'un véritable ange gardien, nous fûmes sauvés et pûmes arriver à l'hôtel, mais non sans entendre les hurlements et les sifflements de tous ces énergumènes.

Et puisque nous avons été, pour ainsi dire, les premiers comme les derniers témoins de ces scènes de sauvagerie, permettez-nous de vous en dire un mot qui rétablisse les faits dans toute leur vérité.

Tous, vous savez maintenant, Messieurs, que la seule accusation restante consiste dans ces trois mots : *Vive le Pape !* qui auraient été écrits sur le registre du Pan-

théon par un jeune français. Or, il faut vous dire que le susdit registre portait, avant l'arrivée des pèlerins, des inscriptions si révoltantes pour la mémoire de Victor-Emmanuel qu'on avait été obligé d'en arracher plusieurs feuillets ; « et de plus, comme on craignait que le gar-
» dien habituel, ancien compagnon d'armes des Français
» à Palestro et à Solferino, ne se montrât pas assez
» complaisant dans le rôle qu'on voulait lui faire jouer,
» on le remplaça la veille de la journée du plébiscite, à
» la table du registre, par un ancien compagnon gari-
» baldien blessé au siège de Rome en 1849, et dont les
» sentiments antifrançais n'étaient pas suspects. »

Tel est le fait. Mais toute autre a été la version qui en a été préparée sur-le-champ et répétée de même par un mot d'ordre tellement bien donné que moins d'une demi-heure après notre arrivée, c'est-à-dire moins de deux heures après le fait accompli, on avait déjà distribué dans Rome des imprimés de la grandeur d'une feuille de journal et portant en tête : *Sacrilège commis au Panthéon*. Il y était dit, en grandes lettres et avec force exclamations, que trois français, dont un prêtre, avaient écrit *tous trois et signé : Vive le pape-roi! Mort au roi!* et qu'ils *avaient craché sur le tombeau* de Victor-Emmanuel. — Et le coup avait été si bien préparé que tous furent pris au piège et que c'est un des directeurs des pèlerinages, trompé lui-même, qui nous répéta avec indignation ce qui précède en nous consignant à l'hôtel pour la soirée, par mesure de prudence.

Bien nous prit d'y rester, car vous savez ce qui s'est passé. A trois reprises différentes, des bandes hurlantes, sorties des bas-fonds de Rome, vinrent envahir notre hôtel et le séminaire français tout voisin ; ces forcenés exigèrent d'abord qu'on pavoisât l'hôtel de drapeaux italiens, ensuite ils demandèrent des illuminations, enfin la troisième fois la double et triple haie de gendarmerie, barrant la porte de l'hôtel, les força à se retirer.

Pendant ce temps des scènes atroces se passaient près de nous : un pauvre jeune homme rentra à l'hôtel, soutenu par deux gendarmes qui le sauvèrent de la fureur des voyous. Questionné en italien par l'un d'eux, il n'avait su lui répondre et alors, sans autre provocation, on lui cracha au visage et on l'assomma de coups de gourdin. — Devant moi, quelques jours après, on présenta au Saint-Père un prêtre français qui, acculé dans le coin d'une porte, fut pendant plus d'une demi-heure couvert de crachats sur toute la figure et toute la poitrine.

A côté de cela, d'autres furent moins malheureux et on rencontra de magnifiques dévouements. Entre autres, un ancien zouave pontifical était chargé de guider, dans Rome, une quarantaine de pèlerins, lorsqu'il fut assailli par une bande de deux ou trois cents de ces vauriens.

Sans hésiter, il fait reculer ses hommes derrière lui et s'avance seul à l'encontre de la bande; pendant plus de vingt minutes, il tint en respect, par la connaissance qu'il avait de leur langue et de leur caractère et par le sang-froid qu'il déploya, tous ces sacripants, et sauva ainsi la vie aux quarante pèlerins dont il avait la charge.

Le lendemain, c'est à grand'peine que nous pûmes gagner le Vatican où tous furent consignés pour la journée.

Quelles étaient donc les causes de ces actes de sauvagerie sans nom et qui, en admettant même une faute de la part d'un individu, n'avaient aucune raison d'être?

C'est que, Messieurs, dans Rome et dans l'Italie tout entière, la franc-maçonnerie voulait à tout prix mettre un terme à ces pèlerinages qui faisaient la consolation du Saint-Père et menaçaient de relever son prestige royal dans Rome. — La dernière audience pontificale avait réuni dans Saint-Pierre le nombre énorme de soixante-quinze mille personnes, et comme il n'y avait au plus qu'une dizaine de mille pèlerins, il y avait donc plus de soixante-cinq mille Romains, et, de fait, Rome semblait joyeux et reprenait, disait-on, l'aspect des beaux jours de Pie IX.

Ici je laisse la parole à quelqu'un de plus autorisé que moi et dont le témoignage ne pourra vous être suspect:

« A plusieurs reprises, me dit ce personnage bien placé pour voir et pour juger, on avait déjà essayé d'entraîner les pèlerins ouvriers et de les attirer dans un guet-apens du genre de celui du Panthéon, mais jamais on n'avait pu y parvenir et tous s'étaient si bien tenus que j'ai vu entre les mains d'un personnage quasi-officiel une dépêche ainsi conçue : « Rien à faire avec les pèlerins ouvriers. » — Aussi chercha-t-on ailleurs et ce sera l'honneur des ouvriers, que même le prétexte choisi n'ait pu être trouvé parmi les quinze mille qui se sont succédé à Rome de tous les coins de la France. »

Quant au caractère de la manifestation, on a essayé de donner le change en disant que tout était dirigé uniquement en réponse à la manifestation catholique. Nous verrons plus tard ce qu'il en a été, et tous, du reste, Messieurs, vous êtes fixés sur ce sujet dont j'ai hâte de sortir.

Le pauvre Saint-Père était désolé et les larmes lui coulèrent des yeux lorsqu'il apprit la manière dont ses chers ouvriers étaient traités; et cette nouvelle douleur vint encore s'ajouter à celles si nombreuses dont il est chaque jour abreuvé.

Aussi voulut-il, ne pouvant faire davantage, ouvrir toutes grandes les portes de son palais à ses enfants; et consignés dans le Vatican pendant toute la journée du samedi, tout, absolument tout fut ouvert et livré à notre admiration. Je ne décrirai pas les trésors des Raphaël, des Michel-Ange, et de tant d'autres noms immortels dont les chefs-d'œuvre remplissent les galeries du Vatican, ni la beauté de ces jardins presque suspendus sur la montagne adossée à Saint-Pierre; la journée entière nous suffit à peine et le soir nous surprit sans que nous ayons pu tout voir et tout admirer.

Le lendemain dimanche, nous assistâmes à une grande cérémonie dans Saint-Pierre, à l'occasion de la translation des restes de sainte Pétronille dans un magnifique reliquaire offert par les pèlerins français au Saint-Père. A cette occasion, le Souverain Pontife voulut bien renouveler à son Eminence le Cardinal Langénieux l'assurance de la possession de l'autel de sainte Pétronille à la France. Je passe les détails de cette belle cérémonie pour arriver au grand jour qui allait nous valoir tant de joie et tant d'honneur.

Le lendemain, lundi matin, tous les pèlerins et toutes les bannières étaient réunis à sept heures et demie sous le portique de Saint-Pierre. Pour ceux qui ne connaissent pas cette Basilique, nous leur dirons que nous étions sous ce portique, qui n'est qu'un vestibule extérieur, plus de quatorze cents pèlerins et qu'il n'était pas à moitié rempli.

Aussitôt rangé, le cortège entra dans Saint-Pierre où il offrait un spectacle charmant en serpentant sous cette immense voûte avant de nous rendre tous à l'autel où le Saint-Père devait dire sa messe à huit heures.

Grâce à la bienveillance de M. Harmel qui nous plaça dans le chœur près de l'autel au milieu des siens, nous ne perdîmes pas un instant de vue le Saint-Père depuis son arrivée.

Quelle émotion, Messieurs, lors de l'entrée de ce saint Pontife ; je ne crois pas me tromper en vous affirmant que des larmes coulaient de presque tous les yeux pendant qu'un seul cri sortait de toutes les bouches : Vive Léon XIII !

Jamais nous n'oublierons le moment où il apparut à nous et où il descendit de la «*Sedia gestatoria,*» sorte de trône sur lequel il est porté, pour revêtir au pied de l'autel ses ornements sacerdotaux. Puis sa messe ! Oh ! combien priaient avec lui en voyant et en s'inspirant de ce Vicaire de Jésus-Christ que l'on sentait si profondément et si intimement uni à son divin Maître pendant qu'il l'élevait sur l'autel. Il faut avoir vu pour comprendre et sentir comme on comprend et on sent là-bas !

Et pendant la messe d'actions de grâces que lui dit un de ses chapelains, le Saint-Père, plongé dans sa prière, semble au-dessus de la terre puiser à la source l'énergie divine qui seule peut faire affronter à ce vieillard de quatre-vingt-un ans une fatigue qu'aucune énergie humaine ne pourrait supporter.

A neuf heures précises commença l'audience. Le Souverain Pontife porté sur la *Sedia* fit le tour de la vaste église ; chacun des pèlerins sans exception reçut de lui une caresse, un mot, un conseil, une consolation et surtout une bénédiction qu'il accordait avec un cœur de père. Et cela dura pour lui de neuf heures à deux heures !

A deux heures, le Saint-Père se faisait conduire au milieu de la grande nef de Saint-Pierre, entouré de ses cardinaux, de ses gardes-nobles et de sa cour, en face de cette merveilleuse Confession des Apôtres. Il était épuisé.

Deux cercles immenses s'étaient formés autour de lui ; l'un extérieur, par tous les pèlerins, l'autre intérieur par les bannières alternant avec les Suisses dont le costume si joli a été dessiné par Michel-Ange.

M. Harmel nous prit alors par la main, Finck et moi, et nous nous mîmes à genoux devant Léon XIII, tandis que M. Harmel, lui disait : — « Très Saint-Père,
» voici l'ouvrier Finck qui était souffrant et n'a pu venir
» avec le Pèlerinage du Nord, et voici son patron,
» M. Delattre. »

— « Ah ! très bien..., approchez tous deux, » et prenant la croix de Saint-Grégoire que M. Félix Harmel détachait de sa poitrine, il la fixa lui-même sur celle de Finck en lui disant: « Je suis heureux de pou-
» voir récompenser un aussi bon serviteur et pour cela
» je vous fais Chevalier de Saint-Grégoire. »

— « Très Saint-Père, lui répondit Finck, soyez as-
» suré que je m'efforcerai de m'en rendre digne. »

Alors, tandis qu'il se tournait vers moi et me prenait la tête dans sa main, « Très Saint-Père, lui dis-je, je
» vous demande une bénédiction pour ma femme, mes
» enfants, ma famille et mes ouvriers, je vous la de-
» mande aussi pour les patrons chrétiens du Nord et, en
» particulier, pour leurs chefs. »

— « Je vous accorde, me répondit Sa Sainteté, la béné-
» diction pour vous, votre femme, vos enfants, vos pro-
» ches et vos ouvriers. Dites aux patrons du Nord que je
» bénis leurs œuvres et que je leur accorde la bénédic-
» tion apostolique. »

Puis, comme nous allions nous retirer pour faire place à Son Eminence le Cardinal Langénieux qui se disposait à lui adresser le discours d'adieu : « Non, restez, » ajouta-t-il, près de moi,... l'ouvrier, et le patron » aussi. » Faisant ranger Finck à ma droite, il me prit la main gauche dans laquelle il laissa la sienne pendant tout le discours du Cardinal et aussi pendant la cantate chantée par les pèlerins.

J'eus ainsi l'immense joie de sentir son bras s'appuyer sur le mien, sa main dans la mienne, pendant plus d'un quart d'heure.

Vous dire ce qui se passa en nous en ce moment, vous ne l'attendez pas de moi, n'est-ce pas, Messieurs? ce serait impossible. Mais, ce que me fit observer plus tard le vénéré Cardinal, c'est cette idée du Saint-Père à laquelle il avait voulu donner une forme en nous retenant ainsi près de lui, s'appuyant d'un côté sur l'Eglise, représentée par ses Cardinaux, et de l'autre sur le Travail, représenté par l'union du patron et de l'ouvrier, objet de toute sa sollicitude.

Les vivats, les applaudissements, les cris de *Vive Léon XIII!* qui suivirent la décoration et accompagnèrent le départ du Pape, défient toute description, et il était deux heures et demie lorsque prit fin cette cérémonie dont le souvenir sera impérissable pour nous. Lorsque Finck et moi, restés un moment à Saint-Pierre près de la famille Harmel, rentrâmes au réfectoire, les quatorze cents pèlerins y étaient déjà.

Une ovation enthousiaste nous accueillit; chacun des Chevaliers de Saint-Grégoire voulut donner l'accolade à son nouveau confrère, puis, se rangeant derrière lui, tous lui firent escorte jusqu'au bout du réfectoire où ils reconduisirent Finck à sa place au milieu des acclamations et des cris de *Vive Léon XIII! Vive la France! Vive le Pape des Ouvriers!*

Je ne vous dirai pas, Messieurs, toutes les félicitations qui lui furent alors prodiguées, tous les soins dont il fut l'objet, chacun s'empressait autour du héros de la fête et à l'envi venait saluer de son titre le nouveau Chevalier.

Mais, le repas terminé, il fallut à ce bon Finck un moment de repos auquel il avait bien droit après tant d'émotions.

J'ai déjà abusé de votre patience, Messieurs, et je n'ose donner à nos camarades d'atelier même une idée des merveilles que nous avons admirées; je leur dirai seulement que nous avons vu toutes les choses les plus belles qu'il soit possible de voir à Rome, car le Saint-Père avait donné ordre que tout fût ouvert et montré à ses chers ouvriers français. Nous contemplâmes successivement le Voile avec lequel sainte Véronique essuya la Face adorable de Notre Seigneur, puis le fer de la lance qui perça, sur la Croix, son divin Cœur. Aussi un grand morceau du bois de la Vraie Croix que sainte Hélène, mère de l'Empereur Constantin, retrouva à Jérusalem et dont une grande partie fut ramenée à Rome. — Nous avons vénéré les chaînes de saint Pierre et de saint Paul, la colonne de la Flagellation, et je ne terminerais pas si je devais énumérer toutes les reliques insignes que nous avons eu le bonheur de voir.

Nous comptons, du reste, dans notre prochaine réunion trimestrielle de l'Association relater tous les détails intéressants que nous ne pouvons donner aujourd'hui, et M. l'abbé Vandy a bien voulu me promettre d'y joindre les vues en projection de tous ces monuments et souvenirs si précieusement conservés.

Laissez-moi seulement faire une mention spéciale du Colysée, parce que, dans les circonstances actuelles, nous nous y sentîmes extrêmement impressionnés en songeant qu'à la place même où nous étions, des milliers de saints et de martyrs, entourés d'un peuple avide de sang, y ont trouvé la porte du ciel, et nous tombâmes à genoux, implorant tout à la fois leur généreuse protection et une étincelle de ce feu qui les animait et les rendait capables de tant d'héroïsme.

Ce fut là notre dernière journée à Rome, car le soir on nous annonçait au réfectoire que, par ordre du gouvernement italien, notre séjour était abrégé d'un jour et que nous devions partir la nuit même, à trois heures

du matin, et encore par une gare située hors de la ville !
Ainsi Français, nous étions chassés de Rome et obligés
de fuir pendant la nuit, comme des voleurs, ou plutôt
comme des persécutés.

Ce que fut ce retour, Messieurs, je ne puis vous le
dire : pas une gare, pas une halte, pas une barrière où
il n'y eût des gens pour nous insulter et pour insulter
la France.

A Chiavari, le train s'arrête en gare : à droite et
à gauche nous sommes entourés par tout ce que l'on
peut imaginer de plus ignoble, visages repoussants et
vêtements en haillons. Au-dessus de la voie une passe-
relle remplie de grappes d'hommes, de femmes, d'enfants, criant, sifflant, hurlant, débitant toutes les injures
qu'ils pouvaient trouver, et ceci dura plus de dix
minutes.

A Saint-Vincenzo, où nous ne faisions que passer, sur
le quai même de la gare, gardé par la gendarmerie, un
groupe, dans lequel se trouvaient des employés de chemin de fer, tenait au haut d'un bâton un écriteau blanc
d'un mètre de large et sur lequel on avait écrit *en
français* :

GUEUX !

VIVE SEDAN !

MISÉRABLES !

Qu'on nous dise encore que ce n'est pas contre la
France que l'on manifestait ainsi !

Toutefois, Messieurs, il est une chose qui nous a profondément consolés, c'est la tenue de nos chers ouvriers
durant ces jours d'épreuves !

A Rome, après les fatigues et les émotions de rudes
journées, au réfectoire où ils avaient tout à discrétion,
même ce vin d'Italie si capiteux et dont l'abus eût été si
facile, nous n'en avons pas vu un seul pendant les dix
repas que nous prîmes avec eux n'avoir pas une tenue
irréprochable ; de même, Messieurs, en face de ces
injures qui faisaient bouillonner dans nos veines notre
sang de Français et de soldats, pas un seul d'entre eux
ne s'est démenti et tous ont su garder une parfaite

— 33 —

dignité et un calme dont nous ne les aurions pas cru capables.

A quoi, Messieurs, attribuer un ensemble si remarquable ? Uniquement aux sentiments chrétiens qui animaient chacun d'eux et leur donnait ce caractère, cette dignité, que nous voudrions voir en chaque Français.

Et involontairement nous disions que si jamais — ce dont Dieu nous préserve — nous étions obligés de reprendre les armes, avec des troupes composées d'hommes semblables, il pourrait revenir des Patay, des Loigny, nous passerions où nous voudrions.

Et il ne dépend que de nous, Messieurs, que ces groupes deviennent légions et que de quelques milliers ils soient des centaines de mille.

Que chacun s'inspire, comme ceux que nous signalons ici, des enseignements de Léon XIII. Ce grand Pape nous a donné la théorie à suivre, et le magnifique et consolant spectacle que nous avons eu sous les yeux en a clairement démontré l'application dans la pratique.

Mettons-nous donc tous à l'œuvre, patrons et ouvriers. Que le patron sache et comprenne qu'il n'est pas quitte envers son ouvrier lorsqu'il lui a payé son salaire, et que son influence morale, que son éducation et sa situation lui imposent le devoir de s'occuper des questions morales et religieuses autant et plus encore que du bien-être matériel, car forcément l'un découlera de l'autre. Et surtout qu'il le mette en pratique.

Que l'ouvrier lui aussi sache et comprenne que dans l'usine il n'est pas quitte envers son patron lorsqu'il y a passé le nombre d'heures voulues, mais qu'il est tenu d'y travailler comme pour lui-même. Qu'il se rappelle les grands actes de sa jeunesse, trop souvent oubliés, son baptême et sa première communion, qu'il mette en pratique cette religion dans laquelle il a été élevé et sans laquelle il n'y a plus d'écart sensible entre l'homme et la bête.

Qu'il comprenne que ce sont les seuls moyens d'attirer sur lui les bénédictions du dispensateur de toutes les grâces, qui se plaît à abaisser les forts et à élever les faibles.

Et surtout, lui aussi, qu'il le mette en pratique en observant ses devoirs religieux.

Et alors, Messieurs, lorsque patrons et ouvriers auront compris et pratiqué ces grands enseignements !... oh ! alors, l'union sera complète, la société sera sauvée, et tous ensemble, si ce n'est ici-bas, au moins à coup sûr dans une vie meilleure, nous nous retrouverons pour chanter : « Gloire à Dieu, » écho mille fois répété par les voûtes éternelles de notre cri bien-aimé :

Vive Léon XIII !

Vive la France Catholique !

Les cris de *Vive Léon XIII! Vive la France Catholique!* que toute l'assemblée redit à l'envi prouvent à l'orateur que ses paroles, écoutées avec la plus grande attention, produisent une impression profonde.

M. Joseph Morel, ancien député du Nord et le plus ancien Chevalier de Saint-Grégoire, membre des Cercles Catholiques d'Ouvriers de Paris, vient souhaiter la bienvenue au nouveau Chevalier :

Mon cher Confrère,

Au double titre de Chevalier de Saint-Grégoire le Grand et de membre des Cercles Catholiques Ouvriers de Paris et de Douai, je tenais à vous adresser nos plus chaleureuses félicitations.

Le Chevalier de Saint-Grégoire le Grand, tant en son nom personnel qu'au nom de tous ses collègues, est très heureux de vous ouvrir nos rangs et de vous exprimer combien nous sommes fiers avec vous de la flatteuse distinction qui vous a été accordée par notre Très Saint-Père le Pape Léon XIII dans des conditions tout à fait exceptionnelles. Le membre des Cercles Catholiques Ouvriers salue en vous un des plus dignes représentants

de ces ouvriers chrétiens qui inscrivent sur leur drapeau : *Dieu et Patrie!* — Dieu, mon cher confrère, qui a toujours trouvé en vous et dans vos braves camarades de Dorignies des fils respectueux, soumis et dévoués.
— Quant à la France, elle vous considère comme un de ses glorieux enfants et il suffit de regarder votre vaillante poitrine, couverte de croix et de médailles, pour savoir que sur tous les champs de bataille vous lui avez généreusement donné le plus pur de votre sang.

Mon cher confrère, le jour où l'étoile des braves vint récompenser vos longs et loyaux services, vous avez dû éprouver une bien légitime satisfaction. Mais je suis persuadé d'être l'interprète de vos sentiments en affirmant que plus grande encore a été votre impression quand, de sa propre main, notre vénéré Pontife vous sacra Chevalier du Christ.

Je ne puis mieux terminer, mon cher confrère, qu'en vous racontant ma dernière entrevue avec mon honorable ami M. le Comte de Mun, celui qu'on a appelé à si juste titre le père des ouvriers. Je lui faisais part de la fête qui devait vous être donnée aujourd'hui par votre digne et excellent patron, en présence de tous vos camarades. Il me répondit alors : « Mon cher ami, adres- » sez de ma part le salut le plus amical aux catholiques » ouvriers de Dorignies et donnez l'accolade la plus » fraternelle au brave père Finck, soldat de Dieu et de » la France ! » J'accomplis bien volontiers cette partie si agréable de ma mission en répétant de tout cœur ce vieux cri de nos pères : *Ad multos annos!*

L'orateur, s'avançant alors vers Finck, lui donne l'accolade.

Ce spectacle si touchant émeut tout l'auditoire, et la parole si chaude et si vibrante de M. Morel est saluée par de vifs applaudissements.

Enfin, M. le Chanoine Joleaud prend la parole pour couronner cette fête de famille et dans un discours plein de charme et d'abandon captive son immense auditoire d'ouvriers. Nous regrettons de ne pouvoir donner qu'un pâle et rapide résumé de ce discours ou plutôt de cette causerie qui répondait si bien au sentiment général.

« On s'étonne dans un certain monde, a dit l'orateur, qu'un Pape décore un ouvrier et que l'Eglise s'occupe de questions ouvrières. Comme si le Pape et l'Eglise n'étaient pas dans leur rôle traditionnel en s'intéressant au sort des humbles et des petits, de ceux qui travaillent et qui souffrent !

— » Est-ce que le divin Fondateur de l'Eglise n'est pas sorti d'un atelier? Est-ce que l'Eglise n'a pas commencé avec des ouvriers? Est-ce que ses premiers Apôtres, ses premiers Evêques, ses premiers Papes, n'étaient pas des ouvriers ?

» On oublie trop que si, à l'heure qu'il est, dans nos sociétés chrétiennes, l'ouvrier a sa place au soleil et peut porter avec fierté son vêtement de travail, il n'en fut pas toujours ainsi, et qu'au temps où Jésus-Christ vint prêcher son Evangile, la condition ouvrière était considérée par les Philosophes et les Sages, par tous ceux qui régnaient sur l'opinion du monde, comme vile, méprisable et indigne d'un honnête homme. Et ce superbe dédain, ce sanglant mépris des Platon, des Xénophon, des Cicéron, des esprits les plus modérés et les plus polis de l'antiquité, n'a-t-il pas trouvé un écho, même au siècle dernier, dans ce Voltaire qui écrivait :
« Que le peuple ne mérite même pas d'être instruit, qu'à
» ces gens-là il faut un aiguillon, un joug et du foin! »

Qui donc, depuis dix-huit siècles, est venu prendre en main la défense des humbles et des petits, de ceux que le monde opprimait et foulait aux pieds? Qui a dit aux tyrans, aux oppresseurs, aux exploiteurs des ou-

vriers : « Ces hommes pour lesquels vous n'avez ni
» compassion, ni justice, sachez qu'ils sont vos frères et
» vos égaux devant Dieu, que Jésus-Christ est mort
» pour eux comme pour vous, qu'ils ont la liberté,
» les mêmes droits que vous et qu'il vous sera demandé
» un compte sévère de l'oppression que vous faites
» peser sur eux. »

Cette cause sacrée, l'Eglise n'a cessé de la plaider devant les tyrans et les oppresseurs de tous les siècles. Pour la faire triompher il lui en a coûté bien du sang et des persécutions, mais la cause du droit, de la justice, de la liberté a fini par prévaloir partout où la Croix du Christ a régné, où l'Eglise a pu exercer sa bienfaisante influence !

Ce n'est donc pas à une Révolution politique que vous devez votre émancipation sociale, mais à l'Evangile de Jésus-Christ qui a été votre première charte d'affranchissement, et qui reste, à l'heure présente, la meilleure sauvegarde de vos droits, de votre dignité.

L'Eglise est donc dans son rôle, elle ne fait que rester fidèle à sa mission séculaire quand aujourd'hui encore elle vient proclamer à nouveau vos droits en même temps que vos devoirs.

On vous dit qu'elle vous trahit, que le clergé a déserté votre cause.....

Quels sont ceux qui disent cela, qui formulent ces accusations dans leurs journaux ou dans leurs clubs ? Comparez donc les états de services de ces prétendus amis du peuple avec ceux du clergé français en particulier. Quand la misère ou la maladie va s'asseoir à votre foyer, quand vous vous trouvez aux prises avec les dures épreuves de l'existence et que vous cherchez une main secourable, que vous avez besoin d'une parole de consolation, d'encouragement, à qui vous adressez-vous d'instinct ? Est-ce à l'adversaire déclaré de l'Eglise ou au prêtre de Jésus-Christ ? Est-ce aux hommes sans Dieu ou à ceux qui font profession de croire à l'Evangile et qui ont appris à l'Ecole de Jésus-Christ la charité envers ceux qui souffrent ?

Et quel moment, s'est écrié l'orateur, a-t-on choisi pour dire que l'Eglise déserte votre cause, et exciter vos défiances contre elle? Le moment où elle semble oublier ses propres épreuves pour s'occuper de vous ; le moment où notre grand Léon XIII proclame vos droits à la face du monde, le moment où il fait aux représentants du travail un honneur qu'aucun Souverain du passé ni du présent ne leur a fait, celui de les recevoir dans son palais et de les traiter comme ses enfants de prédilection.

Ce n'est pas, a-t-il ajouté en terminant, un ouvrier seulement qui vient d'être décoré par la main du vieux Pontife, ce n'est pas seulement un important établissement industriel qui vient d'être honoré dans la personne d'un de ses vétérans, c'est le monde du travail tout entier qui est encore une fois à l'honneur devant l'Eglise, et c'est justice, puisqu'il est toujours à la peine.»

Inutile de dire que cette allocution, fréquemment interrompue par les applaudissements, s'est terminée par les cris de *Vive Léon XIII! Vive le Pape des Ouvriers!*

Finck remercie encore une fois toute l'assemblée en termes émus, puis, quittant l'estrade, est entouré, embrassé par ses camarades qui se disputent l'honneur de le féliciter.

Des salves d'artillerie saluent la sortie du nouveau Chevalier. Le soir, un dîner intime donné en son honneur réunissait, à la table de ses patrons, ses confrères en chevalerie, MM. les Doyens, le Directeur des Mines de l'Escarpelle, les membres du Conseil de surveillance et les principaux chefs de l'Usine, ainsi que MM. les ecclésiastiques et autres notabilités qui, par leur présence, avaient bien voulu ajouter à l'éclat de cette fête de famille.

Tous conserveront le souvenir de cette belle journée commencée et terminée par des vivats en l'honneur de celui auquel nous devions ces douces émotions, Sa Sainteté Léon XIII, le Pape des Ouvriers.

. Elle laissera dans la population ouvrière de Dorignies les impressions les plus profondes et aura son retentissement dans la France Catholique tout entière.

---

Au moment de l'impression de ces lignes, on nous communique ce qui suit, extrait du « *Moniteur de Rome* » :

« Son Eminence le Cardinal Langénieux a donné à
» M. le Chevalier Desautis, un de nos plus habiles por-
» traitistes, la commande d'un tableau représentant la
» scène touchante qui marqua la fin de la dernière au-
» dience du pèlerinage français.
» On sait qu'à cette audience le Saint-Père se fit pré-
» senter un brave ouvrier, M. Finck, qui portait vail-
» lamment la médaille des campagnes de Chine et de
» Cochinchine, la médaille militaire française et la croix
» de la Légion-d'Honneur et, après lui avoir adressé les
» paroles les plus bienveillantes, le décora de ses pro-
» pres mains d'une croix de Chevalier de Saint-Grégoire
» qu'il prit sur la poitrine de M. Félix Harmel.
» Son Eminence le Cardinal Langénieux ne pouvait,
» certes, être mieux inspiré en décidant de perpétuer le
» souvenir de ce précieux témoignage d'honneur, dé-
» cerné par le Souverain-Pontife aux pèlerins français,
» dans la personne d'un modeste et vaillant ouvrier,
» au moment même où, en dehors du Vatican, ces pè-
» lerins étaient en butte aux scènes de la sauvagerie la
» plus révoltante. »

Nous sommes heureux d'avoir reçu cette bonne nouvelle encore en temps pour nous permettre d'en remercier Son Eminence le Cardinal, au nom des ouvriers et des patrons catholiques français que le Très Saint-Père a voulu « honorer et unir dans cette scène si émouvante », suivant l'expression même de son Eminence.

Qu'elle daigne nous permettre encore d'ajouter, qu'en décidant de perpétuer ce souvenir, Son Eminence veut bien donner un nouveau témoignage de l'affection et de la sollicitude sans bornes qu'Elle a si largement prodiguées à tous ses chers pèlerins pendant leur séjour à Rome.

Qu'elle daigne recevoir ici l'expression de leur reconnaissance la plus respectueuse.

*Dorignies-Douai (Nord), 18 Octobre 1891.*

Douai. — L. Dechristé, imprimeur, rue Jean-de-Bologne.

† 

# MORT

DE

## CHRISTOPHE FINCK

---

Le Vendredi 23 Octobre 1891, en la fête du T. S. Rédempteur, à trois heures après-midi, Finck mourait subitement de la rupture d'un anévrisme.

Aussitôt que la triste nouvelle se répandit, on accourut de toutes parts pour contempler une dernière fois les traits de celui que tout le monde pleure. Etendu sur un lit de parade, il portait sur la poitrine toutes ses décorations, et son noble visage semblait sourire encore à ceux qui venaient le visiter.

Ses funérailles, célébrées le Lundi 26, furent un véritable triomphe. Même affluence qu'au jour de son heureux retour de Rome, seulement, au lieu de l'allégresse et des éclats joyeux, c'est le recueillement et les larmes.

Devant la demeure du défunt, les honneurs militaires lui sont rendus par une section d'artillerie, commandée par un officier, dernier hommage que rend la France à son valeureux soldat.

Dans le cortège, on remarque une députation des ouvriers de la Corporation de l'Abbaye-des-Prés, sous la conduite de M. l'abbé Petillon, leur aumônier ; puis, derrière la bannière de Notre-Dame de l'Usine, voilée de crêpe, un grand nombre d'ouvriers et d'ouvrières du Peignage.

Les coins du poêle sont tenus par M. le Commandant Binet, Officier de la Légion-d'Honneur et Adjoint au Maire de Douai ; M. Ch. de Bailliencourt, Chevalier de Saint-Grégoire le Grand ; M. Courcol, décoré de la Médaille militaire et de celle de Mentana ; représentant ainsi les trois ordres et les médailles dont était décoré le défunt ; M. Hublet, Directeur du Peignage, représentant l'Usine, tenait le quatrième coin.

Derrière le cercueil, porté par les amis de Finck, nous voyons entre les mains de son vieux camarade Sauvaget, décoré de la Médaille militaire, le coussin sur lequel reposent les décorations du défunt.

Son fils conduit le deuil, assisté de MM. J. et P. Delattre, ses patrons.

Après l'Evangile, M. l'abbé Huard, curé de Dorignies, monte en chaire et retrace, dans l'oraison funèbre qui suit, les principaux traits de la vie de Finck :

> *Bonum certamen certavi, cursum consummavi, fidem servavi.*
>
> J'ai combattu le bon combat, j'ai achevé ma course, j'ai gardé la foi.
>
> (2ᵐᵉ à Tim. IV, 7).

MES BIEN CHERS FRÈRES,

Devant la dépouille mortelle de ce brave ouvrier, de ce vaillant soldat, en présence de cette foule accourue pour lui rendre les derniers devoirs, sous le coup d'une émotion dont nous ne pouvons nous défendre, il nous a semblé que la religion devait élever la voix et qu'il ne nous était pas permis de nous taire. Si de sages ordonnances ne nous autorisent pas à louer les morts dans l'assemblée des fidèles, il nous est bien permis de tirer de leurs nobles exemples des enseignements et des espérances.

L'Evangile nous rapporte que Notre Seigneur Jésus-Christ, peu de jours avant sa Passion, fut acclamé sur le chemin qui conduit à la Ville-Sainte, et ces acclamations devenaient d'autant plus imposantes qu'il s'en approchait davantage. Ces manifestations mécontentaient les Pharisiens qui, du sein de la foule, redisaient ces paroles : « Maître, réprimez vos disciples », et Jésus leur répondait : « Je vous déclare que si ceux-ci se taisent, les pierres crieront » (1).

Pourquoi ma voix resterait-elle muette quand tout ici proclame la louange du héros que nous pleurons. Ne crient-elles pas ces décorations glorieuses que jamais un homme du peuple n'avait jusqu'ici portées ; ne crie-t-il pas ce sanctuaire, témoin des manifestations de sa foi, et vous tous, n'élevez-vous pas la voix pour proclamer les vertus de celui qui toujours et partout se montra votre modèle ? J'écouterai donc ces cris, j'écouterai donc ces voix, et pensant moins à la gloire du défunt qu'à votre utilité, je ne vous le montrerai brave soldat, digne ouvrier, que pour vous exciter davantage à devenir de vaillants chrétiens. Puissiez-vous sentir s'allumer dans vos cœurs un nouvel amour pour Dieu et pour la sainte Eglise, tandis que je vous rappellerai brièvement ce que fut Christophe Finck, Chevalier des ordres de la Légion-d'Honneur et de Saint-

(1) Luc XIX, 40.

Grégoire le Grand, décoré de la Médaille Militaire et des Médailles de Mentana, de Chine et de Cochinchine.

L'Alsace fut son berceau et, dans ce pays si français, il suça, avec le lait maternel, l'amour de la patrie. Cet amour berça ses premiers ans, et quand ses mains devinrent capables de porter un fusil, il s'engagea. A dix-huit ans, il faisait partie de ce 2$^{me}$ Bataillon des Chasseurs à pied qu'il devait illustrer par son héroïsme. Etre soldat fut sa vocation, vocation noble et grande faite d'abnégation, de dévouement, de sacrifice, où l'homme doit être toujours prêt à verser son sang et à donner sa vie.

Le jeune soldat eut la bonne fortune de guerroyer souvent; on put dire de lui, mieux encore que de David, qu'il combattait les combats du Seigneur (1), et il a mérité l'éloge adressé, par un grand orateur, à la mémoire d'un prince aussi pieux que brave : « Les guerres saintes furent uniquement l'occupation de sa valeur » (2).

Il prit part aux campagnes d'Afrique et apprit à cette rude école l'intrépidité et le mépris de la mort. Ce fut en Chine que, pour la première fois, il répandit son sang, et certes la cause qu'il défendait méritait bien ce sacrifice. De cruels massacres avaient rougi le sol du sang chrétien, du sang français, il fallait châtier les misérables qui l'avaient versé, il fallait par la terreur des armes apprendre à ces barbares à respecter la religion de Jésus-Christ et le nom de la France. Ce résultat obtenu, Finck poursuivit en Cochinchine le cours de ses exploits et, après ces pénibles campagnes où sa vaillance ne se démentit pas un seul instant, il fut décoré de la médaille militaire.

(1) 1 Reg. XXV, 28.
(2) Panégyrique de Henri de Bourbon, par Bourdaloue.

En 1867, il est appelé à l'honneur de lutter pour l'Eglise dans les plaines de Mentana. La France venait enfin au secours du Pape, assailli par les hordes garibaldiennes et, dans cette journée mémorable, Finck se montra d'un héroïsme admirable. La position était critique, les ennemis très supérieurs en nombre, mais, lorsqu'il sonna la charge, les Français s'élancèrent avec une telle intrépidité que ce coup d'audace leur assura la victoire.

Au plus fort de l'action, notre héros reçoit une balle qui lui fracture le pied, mais il combat encore et comme le vainqueur de l'Idumée il peut dire : « Mon bras seul m'a sauvé et mon courage irrité par tant de périls vint à mon secours » (1). En effet, renversé par l'excès de la douleur, il ne trouve pas grâce devant un ennemi sans pitié, et c'est étendu sur le sol, rougi de son sang, qu'il doit lutter encore pour défendre sa vie menacée.

Mais ici vient se placer un trait héroïque qui montre toutes les délicatesses de ce vaillant cœur. Il avait été transporté dans l'église de Mentana, où se trouvaient entassés d'innombrables blessés. Cinq mille hommes étaient tombés dans cette rude journée, et amis et ennemis se trouvaient pêle-mêle, unis dans une commune douleur. Quelques vaillantes Sœurs de Charité cherchaient à soulager ces infortunés, mais les blessés étaient si nombreux qu'elles ne pouvaient suffire à la tâche. Finck se trouvait dans le plus triste état et son horrible blessure le faisait souffrir cruellement. Une Sœur s'approche enfin de lui; elle lui présente un breuvage destiné à calmer les ardeurs d'une fièvre brûlante. Sans humecter seulement ses lèvres desséchées, il dit : Donnez-le à celui-ci, je vous en prie, il en a plus besoin que

(1) Isaïe, LXIII, 5.

moi.—C'était un garibaldien, étendu à ses côtés, aux prises avec la mort, et qui demandait à boire à grands cris.—La bonne Sœur, édifiée de tant d'abnégation, ne peut se défendre de lui dire : —Quoi ! à votre ennemi ! —Oui, ma Sœur, répondit-il, car, après la bataille, il n'y a plus ici que des frères..... Il fallut bien céder, et le malheureux avait à peine pris son breuvage qu'il rendait l'âme.

Le brave cœur ! il acceptait de souffrir, de se priver, pour un homme, pour un perfide qui s'était armé contre le Chef de l'Eglise, contre son Père ; mais il ne voit plus en lui qu'un frère, d'autant plus à plaindre qu'il est plus malheureux et plus coupable.

Transporté à l'hôpital de Rome, il y retrouve les Sœurs de Charité, qu'il aima toujours d'un si grand cœur, et là il est l'objet de la sollicitude de ses chefs, pleins d'admiration pour son courage et disposés à le récompenser d'une manière éclatante.

Lorque le commandant du 2$^{me}$ Bataillon de Chasseurs vint voir son brave clairon, qu'il croyait mort, on aperçut une larme rouler le long de ses joues et le blessé, lui aussi, pleura. Soudain entrent dans sa chambrette plusieurs officiers supérieurs, c'est le général de Polhes lui-même qui vient attacher sur la poitrine du vaillant soldat la croix de la Légion-d'Honneur. Ce fut là qu'il reçut la visite de Pie IX, et celle de François II, roi de Naples, qui venait volontiers s'asseoir au chevet du brave soldat.

Trois ans après, le Chevalier marchait encore avec des béquilles et quand arriva l'année terrible, malgré sa demande et son désir, il ne lui fut pas permis d'affronter de nouveau la mort pour défendre le sol de le patrie envahie.

Tel fut le soldat, mes bien chers Frères, tel aussi sera l'ouvrier. Sans doute, les actions d'éclat ne feront plus la trame de cette vie nouvelle, mais ce sera le dévoue-obscur ayant pour arme la bonté. La bonté, que Dieu mit tout d'abord au cœur de l'homme lorsqu'il le créa à son image et ressemblance, ne fait que s'augmenter encore chez les nobles âmes quand elles s'élèvent et sont distinguées de la foule. « L'influence du mérite ne
» leur servira qu'à se donner davantage, comme une
» fontaine publique qu'on élève pour la répandre (1). »

Dans l'accomplissement de ses modestes fonctions, Finck montra en toutes circonstances un dévouement sans bornes, une fidélité à toute épreuve, une noblesse de caractère dont peu d'hommes sont aujourd'hui capables.

On ne pouvait lui procurer de plus grande joie que de lui donner l'occasion de rendre quelque service, car c'est dans le bonheur des autres qu'il mettait le sien.

Lorsque se fonda dans l'Usine la Confrérie de Notre-Dame, ce besoin de se donner reçut son plein épanouissement. Tous ici, ne fûtes-vous pas témoins des industries de son zèle? Combien d'entre-vous n'ont-ils pas été l'objet de ses avances charitables, combien qui, par lui, ont connu le bienfait d'une association où l'amour de Dieu et la confiance en Marie président et qui doit procurer à tous ces biens spirituels et temporels dont l'acquisition doit marcher de pair pour être vraiment assurée. On peut dire, qu'en tacticien habile, il fit le siège de chacun des ouvriers de l'établissement, non pour les vaincre, mais pour les sauver. Et lorsque la réunion des dizainiers se tenait, avec quel entrain il

---

(1) Bossuet, Oraison funèbre de Louis de Bourbon.

donnait les noms de ceux qu'il avait ralliés sous la bannière de Marie. C'était comme son bulletin de victoire, qui le faisait riche et joyeux.

Toujours prêt lorsqu'il s'agissait d'une œuvre de piété, il aimait à porter, chaque mois, le flambeau aux processions du Très Saint-Sacrement, faisant les convocations avec une exactitude toute militaire et, l'année dernière, lorsque nous avons rassemblé autour de nous les jeunes conscrits, prêts à nous quitter pour le régiment, nous nous rappelons avec quel entrain et quelle conviction il leur parla de Dieu et de la France.

La dernière œuvre de son zèle fut de coopérer à l'organisation, dans l'Usine, de la souscription pour le pèlerinage d'ouvriers, qui lui ménageait une si grande faveur. Nous avions espéré l'amener à Rome avec nous, il y avait renoncé à cause de sa santé chancelante, mais lorsqu'au retour, nous lui avons dit : Le Saint-Père vous attend ; sans hésitation, il partit.

Vous connaissez le dernier acte de cette vie si bien remplie, cette audience solennelle où Notre Saint-Père le Pape, voulant honorer en sa personne le travail et l'ouvrier, plaça sur sa poitrine la croix de Saint-Grégoire le Grand. Avec quelle joie il la reçut ! avec quelle allégresse nous avons fêté son retour ! Ces événements sont d'hier et il y a comme un contraste poignant de les rappeler devant un cercueil.

Ah ! quels honneurs furent décernés à ce héros, qui, sous l'uniforme comme sous l'habit civil, ne sortit jamais d'une humble condition ! Lorsqu'un homme, élevé dans la hiérarchie, est comblé de distinctions et d'honneurs, il n'est pas rare de le voir s'enfler d'orgueil et dominer les autres par le mépris. Si tel est le sentiment trop souvent rencontré dans le cœur des grands, que se passera-t-il dans le cœur de cet ouvrier ? Il est resté au dernier degré de l'armée et cependant le voilà portant sur sa poitrine des distinctions qui ne se trouvent pas toujours réunies sur celle des plus vaillants généraux ; il devient un modeste ouvrier et voilà que le Souverain Pontife, le plus grand roi de la terre et le Vicaire de Dieu, entouré de tout l'éclat de sa cour, pose lui-même sur sa poitrine la croix de Saint-Grégoire le Grand !

« Lorsqu'on se voit tout d'un coup élevé aux places
» les plus importantes, dit Bossuet, et que je ne sais
» quoi nous dit dans le cœur qu'on mérite d'autant
» plus de si grands honneurs qu'ils sont venus à nous
» comme d'eux-mêmes, on ne se possède plus » (1).

Ah ! n'aura-t-il pas le vertige de la gloire et conservera-t-il sous le poids des honneurs la douce simplicité d'autrefois ? N'en doutez pas, mes bien chers Frères, et c'est là un magnifique exemple bien propre à être proposé à notre édification. Et quand donc mettait-il quelque fierté à placer sur sa poitrine les témoins de son héroïsme ? Ah ! c'est quand il s'agissait d'honorer Dieu. En temps ordinaire, on ne voyait pas toujours le ruban rouge à sa boutonnière, mais, le jour de la procession du Très Saint-Sacrement, il prenait tous ses insignes, afin d'en faire hommage à Notre Seigneur Jésus-Christ. On le voyait alors porter noblement la bannière de Notre-Dame de l'Usine, le drapeau que ses mains vaillantes aimaient à tenir déployé et que ses compagnons étaient fiers de suivre. Oui, on peut le dire, ce brave dans sa longue carrière, au milieu des plus grands honneurs, ne songea point à sa propre gloire, mais seulement à la gloire de la France et à la gloire de Dieu. Ce qu'il aimait par-dessus tout, c'était le devoir accompli pour le devoir même, et il trouvait dans le témoignage de sa conscience la récompense de ses vertus. Il allait à Dieu

---

(1) Oraison funèbre de Michel Le Tellier..

franchement et simplement et, suivant la recommandation de l'Apôtre, « il se sanctifiait dans son état et dans » les emplois de sa vocation » (1).

Cependant, Dieu ne voulut pas nous laisser longtemps cet exemple et cette force. Après la joie, si profondément sentie, se préparaient des jours de larmes, et les alternatives de santé et de maladie qui partagèrent ses derniers jours, n'étaient que le prélude d'un grand malheur. Mais peut-on appeler malheur ce qui, en réalité, n'est pour le chrétien que le commencement d'une vie éternelle dans la gloire de Dieu? Sans doute, la mort anéantit la gloire humaine, les hommes qui ne voient que la terre sont épouvantés devant un cercueil, mais quels horizons sereins pour ceux qui contemplent au-delà de la tombe la félicité même de Dieu !

Il semble que la divine Providence ait voulu que la mort de notre brave Finck fût comme le résumé de sa vie, faite d'obéissance et de soumission. Il n'hésitait pas quand, sur les champs de bataille, la voix du chef, dont son clairon était l'écho fidèle, le lançait à corps perdu devant les balles et la mitraille. Il n'hésita pas quand le Souverain Pontife l'appela près de Lui, et quand ce fut le tour de Dieu, soudain il s'élança dans ses bras. Comme saint Benoît, il mourut debout et l'on peut lui appliquer les paroles que Montalembert adressait au Patriarche de la vie monastique: « Mourir debout ! c'était » bien la forte et victorieuse mort qui convenait à ce » grand soldat de Dieu ! » (2)

Il mourut un Vendredi, en la fête du Saint Rédempteur, tandis que trois heures sonnaient à Saint-Pierre de Rome.

Il expira au même moment que son Sauveur et, nous

(1) 1 Cor. VII, 20.
(2) Les Moines d'Occident.

n'en pouvons douter, Jésus l'aura bien reçu. Ah! que n'avons-nous pu contempler cette audience incomparable où le divin Rédempteur accueillit dans les parvis du ciel son bon et fidèle serviteur. *Euge serve bone et fidelis.* « Parce que tu as été fidèle dans les petites choses, je » t'établirai dans les grandes ; entre dans la joie de » ton Maître (1). »

Ah! nous n'en pouvons douter, les saints acclamèrent le nouvel élu avec des transports auxquels ne peuvent même pas être comparés ceux qui, peu de jours auparavant, avaient fait tressaillir les voûtes de Saint-Pierre de Rome, et l'affectueuse bonté avec laquelle le caressa Jésus-Christ, lui rappelant la tendresse ineffable de son Vicaire ici-bas.

Cependant, mes bien chers Frères, il ne nous appartient pas de scruter les secrets de Dieu et, après avoir brûlé devant cette dépouille l'encens qui l'honore, nous y laisserons tomber l'eau sainte qui purifie. Achevons donc le saint Sacrifice et prions pour l'âme de Christophe Fink, car devant la justice de Dieu tout homme a besoin de miséricorde.

Dieu, dans ses desseins impénétrables, semble se plaire à déjouer les projets des hommes et nous rappelle sa Toute-Puissance en nous montrant que, pour accomplir son œuvre, il n'a besoin de personne. En voyant ce brave chargé de tant d'honneurs, nous étions heureux de penser que cette croix de Saint-Grégoire, brillant sur sa poitrine, en rappelant à nos ouvriers la tendresse que leur porte le grand Léon XIII, aurait rendu plus facile le travail de réorganisation sociale dont l'Encyclique *de la Condition des ouvriers* a tracé le magnifique programme; nous

---

(1) Math. XXV, 23.

étions assurés que la voix du nouveau Chevalier, tant écoutée dans le passé, serait devenue plus persuasive encore, et nous entrevoyions pour nos œuvres de l'Usine, encore au berceau, un accroissement d'influence et de bienfaits. Et voilà que quelques jours ont suffi pour anéantir nos espérances, et celui qui les faisait naître a passé plus vite que les fleurs éphémères, présentées au jour de son triomphe, et que nous pouvons voir encore sur l'autel de Notre-Dame du Rosaire où ses pieuses mains les ont placées.

Et cependant devant ces événements qui devraient, ce semble, abattre notre courage, Dieu nous demande la confiance et la foi, et cette foi nous la lui donnons tout entière. Oui, ô Jésus, notre Maître, notre Roi, notre Dieu, nous nous inclinons avec amour devant votre volonté sainte et, appuyé sur vous, rien ne saura nous ébranler. Oui, nous en avons la confiance, vous susciterez parmi ces hommes qui m'entendent des ardeurs qu'ils n'ont pas connues jusqu'ici et, pour remplacer celui qui s'en va, vous en appellerez un grand nombre à votre service. Ah! chers Amis, vous écouterez cette voix de Dieu qui vous parlera au plus intime du cœur, vous marcherez courageusement sous ses inspirations et, tous ensemble, vous travaillerez à la gloire de Dieu et à la grandeur de la Patrie.

Donc, aimons Dieu! aimons-le d'un cœur ardent et généreux, aimons-le jusqu'au sacrifice, aimons-le jusqu'à la croix! Tournons nos regards vers Notre-Dame d'Espérance (1); l'espérance est notre force suprême, et raffermissons dans notre âme notre inébranlable foi; car par elle nous remporterons la victoire; *et hæc est victoria quæ vincit mundum, fides nostra* (2). — Amen.

(1) Titulaire de la paroisse
(2) I Joan. V, 4.

Après l'absoute, donnée par M. l'abbé Loridan, Supérieur du Collège Saint-Jean, on se rend au cimetière. Les dernières prières terminées, M. Jules Delattre, d'une voix émue, veut dire un dernier adieu à son serviteur et ami :

Mes chers Amis,

Il y a quinze jours nous fêtions le triomphe de celui qui revenait de Rome honoré d'une insigne distinction du Souverain Pontife ! — Aujourd'hui, hélas ! nous l'accompagnons à sa dernière demeure et pleurons sur la séparation qui nous a été si douloureusement imposée par la divine Providence !

Ce qu'était Finck, mes chers Amis, je vous l'ai dit, il y a quinze jours et vous venez de l'entendre, à l'église, en termes aussi éloquents que vrais et, d'ailleurs, vous le connaissiez tous. Votre empressement démontre ce qu'il était pour vous, et votre recueillement profond prouve votre affliction.

Mais ce que je veux vous dire, c'est que si Dieu nous l'a ravi subitement, sans le secours de ses sacrements, consolation suprême des âmes chrétiennes, la mort ne l'a pas pris à l'improviste ; et comme sur le champ de bataille, il y a vingt-cinq ans, Finck était aujourd'hui bien préparé à mourir.

Avant le départ pour Rome, ensemble nous avions reçu le Pain des forts et, là-bas encore, il a communié chaque jour ; son respect et sa piété montraient qu'il était aussi bon chrétien que bon français.

Maintenant il reçoit la récompense de tant de mérites et il est heureux ! Mais nous, nous pleurons !

Oui, nous pleurons, car sa famille perd en lui un chef qui fut l'honneur en personne et un soutien des plus précieux ; ses camarades, un bon guide et un conseiller aussi sûr que généreux ; et moi, tout à la fois, un de mes meilleurs serviteurs, un de mes meilleurs amis.

Oui, ami tu l'étais, père Finck, car en toi je savais, j'avais des preuves que ma confiance pouvait être sans bornes et ils sont si rares ces hommes que leur perte semble irréparable !

Hélas ! pauvre ami, tu n'auras pas porté longtemps cette croix que le Très Saint-Père Léon XIII, lui-même, t'avait placée sur la poitrine ! — Comme un autre vaillant soldat du Christ, notre ami Henri Bayart, tu as reçu cette distinction juste à temps pour que la première fois tu aies le droit de la porter sur ton cercueil, et vous fûtes semblables dans la mort, comme vous l'aviez été dans la vie.

Lorsqu'ensemble nous étions à Rome, le Pape nous unit tous deux dans une même étreinte ; n'est-ce pas la scène que Jésus-Christ renouvelle en ce moment au Ciel, puisqu'il y a appelé, dans les mêmes conditions, Bayart, le modèle des patrons, Finck, le modèle des ouvriers ?

Tous deux, sans doute, vous aviez assez mérité sur terre, et la divine Providence a voulu que cette croix, donnée par le Chef de son Eglise, servît à vous soulager de la lourde croix humaine imposée à chacun et qu'elle fût un signe dont Dieu marque ses élus.

Hélas ! cher ami, tu nous abandonnes dans cette vallée de misères, mais que ta vie est un bel exemple pour nous ! et qu'elle nous est une consolation dans notre peine en songeant à la mémoire que tu nous laisses et à la récompense qu'elle t'a value, car si, il y a quelques jours, tu triomphais ici-bas, aujourd'hui, c'est là-haut sans doute et pour l'éternité !

Oh ! bon Finck, si Dieu t'a donné la joie d'être déjà près de lui, implore-le, demande-lui de nous accorder la force et le courage nécessaires à la lutte contre les méchants qui se lèvent de toutes parts pour attaquer la cause que tu as défendue toute ta vie : la religion. Qu'il daigne protéger les œuvres dont tu étais le soutien, et si la volonté du Seigneur est que nous n'en voyions pas le triomphe, demande-lui de nous réserver du moins une place près de toi, près de Lui, dans son Paradis. Que ce ne soit point adieu que nous te disions aujourd'hui, mais bien seulement au revoir, ami, au revoir dans un monde meilleur !

M. le Commandant Binet s'avance à son tour ; il parle au nom des membres de la Légion-d'Honneur, et, dans un discours aussi patriotique que chrétien, remue profondément toute l'assistance :

MESSIEURS,

Avant de fermer la tombe du brave et digne Chevalier Finck, qu'il me soit permis, au nom des légionnaires, de vous retracer ici, en quelques mots, le caractère, la carrière glorieuse de ce brave patriote que la mort nous emporte.

En 1849, Finck s'engage au 2$^{me}$ Bataillon de Chasseurs à pied. Il débute (en 1852 et 1853) par la campagne d'Afrique. C'est là qu'il éprouve sa vertu militaire aux fatigues de la campagne et qu'il se soumet, de bonne foi, à souffrir sans murmure, à obéir sans réplique.

En 1859, une campagne glorieuse a lieu pour la civilisation d'un peuple et l'extension du commerce de la France. Finck en fait partie avec son bataillon. Il part, heureux de voir le drapeau français marcher à une nouvelle gloire. Il part pour cette campagne mémorable de Chine. Une traversée de six mois n'altère en rien son courage, malgré les privations et les fatigues résultant d'un aussi long voyage sur un transport de guerre. A huit mille lieues de la patrie, l'armée française est victorieuse, elle se rend maîtresse de Pékin, capitale du Céleste-Empire. Elle inflige à la Chine un traité commercial, l'excuse de ses outrages, l'indemnité de guerre et le rétablissement de la Croix catholique sur la cathédrale abandonnée depuis longtemps. — Qu'a-t-il fallu à ces hommes hardis pour franchir ces distances sous un soleil de feu, et faire face à une armée nombreuse? Le courage, la foi et l'emblème : honneur et patrie.

Après la Chine, la Cochinchine ! Là, encore, Finck fait un séjour, sans prendre souci de la chaleur tropicale et des émanations du sol, cause de tant de maladies.

Il rentre en France en 1862. En 1865, à raison de sa conduite et de ses campagnes, il est décoré de la médaille militaire.

En 1867, un corps d'expédition est envoyé dans les Etats Romains, nous nous retrouvons dans les mêmes rangs à la bataille de Mentana ; par son entrain et sa vigueur, sonnant le clairon, il enlève son bataillon. Mais une balle ennemie vient le frapper dans l'action, elle marque superbement l'endroit où coula le sang pur de la France.

En récompense de sa belle conduite à Mentana, Finck est nommé Chevalier de la Légion-d'Honneur.

De sa vie civile que vous dirai-je? Vous la connaissez, vous l'avez appréciée. Votre démarche aujourd'hui, pour l'accompagner à sa dernière demeure, prouve l'estime qu'il avait acquise parmi vous.

Vous l'avez vu, voilà peu de temps, entreprendre un long voyage. Combien il a dû lui être agréable d'aller revoir la Basilique de Saint-Pierre et l'hôte du Vatican !

Quelle joie de se trouver auprès du Saint-Père, lequel, touché des vertus civiles et militaires de Finck, le nomma Chevalier de Saint-Grégoire le Grand, bonheur inattendu, pour lui, modeste ouvrier.

La manifestation que vous lui fîtes, au retour de ce voyage, nous dit combien vous l'estimiez, combien il il était votre ami, et vos cœurs émus se réjouissaient de son bonheur.

Finck a, dans sa vie, supporté bien des souffrances et des privations sans jamais se plaindre, parce qu'il n'a jamais été privé des consolations qui adoucissent les maux et les misères de cette vie. La mort ne pouvait pas l'effrayer, car il savait que, dans un autre séjour, il aurait le dédommagement des souffrances physiques et morales qu'il a supportées sur la terre. Il attendait, en paix, d'être admis parmi ceux qui ont bien aimé et servi la patrie.

Votre cœur, Finck, est celui que tout homme doit envier, que tous nous devons désirer. Conscience droite, paroles édifiantes, conduite exemplaire. Aujourd'hui vous nous quittez comme un pieux et noble chrétien. Au nom de nos camarades, au nom des légionnaires de notre Ordre qui était pour vous une patrie dans la patrie, adieu! Que nos sincères regrets soient l'expression de nos condoléances envers votre famille et votre femme éplorée. Si la gloire que nous vous attribuons se répand sur nous, espérons nous revoir, brave soldat, bon citoyen, nous ne vous plaignons pas, vous qui partez, votre vie est irréprochable, vos souffrances viennent de finir, nos souvenirs commencent, vous partez comme les plus braves, avec l'honneur du courage, avec la foi d'un chrétien. Finck, adieu!

Cette allocution, vibrante de foi et de patriotisme, est écoutée avec une grande émotion. Les larmes sont dans tous les yeux et, dans cette foule, règne un silence dont tout le monde est frappé.

Au retour, on remarque sur tous les visages l'empreinte des émotions ressenties dans cette inoubliable journée et, devant ce spectacle, on ne peut qu'admirer encore cette religion sainte qui suscite de si beaux dévouements et qui triomphe jusque dans la mort.

# TABLE

| | |
|---|---|
| Hommage à M. Harmel. . . . . . . . . . . . . . . . | 1 |
| Sermon de M le Chanoine Deroubaix, Archiprêtre de Douai, Doyen de Saint-Pierre . . . . . . . . . . . . . . | 4 |
| Réunion au Patronage . . . . . . . . . . . . . . . . | 10 |
| Compliments au nouveau Chevalier . . . . . . . . . | 12 |
| Allocution de Monsieur Finck . . . . . . . . . . . . | 16 |
| Discours de Monsieur Jules Delattre . . . . . . . . . | 17 |
| Allocution de Monsieur Morel, Chevalier de Saint-Grégoire, ancien Député . . . . . . . . . . . . . . . . | 34 |
| Résumé du discours de Monsieur le Chanoine Joleaud, Doyen de Saint-Pierre. | 36 |
| Article du *Moniteur de Rome*. . . . . . . . . . . . | 39 |
| Mort de Christophe Finck . . . . . . . . . . . . . . | 41 |
| Oraison funèbre par Monsieur l'abbé Huard, curé de Dorignies. | 42 |
| Discours de Monsieur Jules Delattre . . . . . . . . . | 53 |
| Discours de Monsieur le Commandant Binet, Officier de la Légion-d'Honneur, Adjoint au Maire de Douai. . . . . | 55 |

www.ingramcontent.com/pod-product-compliance
Lightning Source LLC
LaVergne TN
LVHW021734080426
835510LV00010B/1244